火舞空行

移喜蹉嘉傳奇

金剛上師
卓格多傑
著

移喜蹉嘉是密宗教主蓮華生大師的得意女弟子，
出身貴族，健康貌美，十六歲成為藏王赤松德贊王皇妃，
後來追隨蓮師修成證果。

金剛上師卓格多傑簡介

卓格多傑仁波切（1955-　），漢族，香港出生。西元一九七九年香港浸會學院（現名浸會大學）畢業，八三年至八九年任香港考試局佛學科目委員。曾多次深入康藏，實地考察藏傳佛教。先後追隨寧瑪派安章珠巴活佛、噶舉派卡露仁波切、格魯派達多活佛學密，得無數灌頂傳經引導。遊學期間，得大藏經對勘局布楚活佛、五明佛學院索達吉、著名漢藏學者劉立千先生、何天慧教授及洛珠迦措先生幫助，搜集及校勘多種珍貴手卷及密續，並在紅教法王晉美彭措支持下，在成都、康定、拉薩和蘭州先後成立翻譯中心，著手翻譯寧瑪心髓派法本及典籍，並以第一手資料從事寫作。

九四年四月，安章珠巴活佛蒞港，委卓格多傑為定心寺（桑汀曲寧）住持。同年，成立大圓滿佛教中心，以國際性教授及宣揚大圓滿密法。

▲紅教伏藏超克死亡的本尊法。由爐霍洛吾志麥活佛傳給上師。

▼伏藏祖師兒喜蹉嘉佛母。

▲祖庭安章寺，清乾隆七年（西元一七四二年）建造，在咸豐五年（西元一八五五年），第一世珠巴活佛弘揚大圓滿心髓，始成寧瑪主要寺院。

▶塔公寺大悲觀音。

▲康定跑馬山釋尊像。

▼吉祥天母灌頂多瑪。

▲八變蓮師藏戲描述 蓮花生大師聖蹟。

▼卓格多傑上師與安章寺十八位比丘合攝於經堂。

▲上師與五明佛學院院長索達吉討論佛學。

▼上師與紅教法王晉美彭措攝於色達，法王鼓勵並支持上師將紅教法本及經籍漢譯，利益衆生。

▲上師與漢藏佛教學者劉立千先生。

▼上師與格魯派達多活佛、金剛寺總管格桑昆列法事後合攝。

▲上師與大藏經對勘局布楚活佛。

▼上師與爐霍洛吾志麥活佛。

▲安章珠巴活佛九四年蒞港，委任卓格多傑仁波切爲定心寺住持，並向世界弘揚傳播大圓滿心髓。

▼上師主持公開結緣灌頂。

【目錄】

序

丙子仲夏，康定譯經中心寄來南卡寧波所著《移喜蹉嘉傳》的譯稿。我看了多遍，心底對祖師移喜蹉嘉佩服得五體投地，並深信自己超越傳意文字，瞭解他的心底密意。

移嘉蹉嘉是密宗教主蓮華生大師的得意女弟子，出身貴族，健康貌美，十六歲成為藏王赤松德贊王皇妃，後來追隨蓮師修成證果。蓮師對他的訓練很嚴謹，從小乘的出離，大乘的菩提，密乘各層經續，直至佛教終極的大圓滿教法都循序漸進地指引導修。

透過蹉嘉的修行經歷，便可得知佛教顯密二乘的精髓。爲了使讀者更輕鬆地閱讀這段傳奇性的修行經歷，我以對話方式重整描述。

丙子白露，定心寺卓格多傑序於香港

I 寧瑪瑰寶　空行心髓

⊙在《雪域虹光》一書中，上師常提到移喜蹉嘉在空行心髓的傳承中扮演重要角色。**我看到寧瑪心髓派的皈依境，移喜蹉嘉也位居祖師之列，請上師慈悲爲我們開示空行心髓和移喜蹉嘉的修行成就。**

善哉，移喜蹉嘉不單在修行上成就卓越，我閱讀《移喜蹉嘉傳》的時候，他的美貌、智慧，對蓮師堅定的信心和奉獻，一一深印我的腦海，與其說他是佛教密乘的大成就者，不若說他是理想女性修行人人格的象徵。

⊙聽聞移喜蹉嘉和二十五弟子中的生支移喜在蓮師離開西藏後，合力傳授空行心髓教法？

移喜蹉嘉更大的功績是把佛典，尤其是大圓滿的祕密典籍埋藏，成爲「伏藏」，令蓮師甚深教法得以保全。

⊙上師在著作中屢次說到伏藏的重要，可否再簡略扼要地介紹？

伏藏——包括了很多不同的事物，有特別的教法、經文、法器、塑像。最重要的典籍是由蓮師和移喜蹉嘉一起收藏。

移喜蹉嘉將教法收藏在蓮師指示的地方，讓蓮師的弟子輪迴轉世，再行發掘，利益後人。

伏藏對寧瑪傳承至爲重要。伏藏不一定埋在西藏，亦不一定在山岩川流，甚至這個地球、太陽系。事實上，伏藏可以穿越時空，沒有因時空的遷流而改變伏藏的了義性和眞確性，它仍保持著蓮師心間的純淨，是解脫、覺悟的直接道路。

儘管伏藏是即身成就的大法，但它的薪火相傳卻因現代人的福德智慧日益低落而顯得局限；第一，有些經文是用空行語言來寫，唯有取藏者在定中才能進入經文境界，微言大義，爲了讓普通人可以閱讀，必須由取藏者解碼。這是因現代大學習及修行能力的局限而形成第一重障礙。其次，雖然伏藏被發掘出來，但不少發掘後又再失傳，原因是有能力學習伏藏的人爲數不多，甚至有淺識者懷疑伏藏的眞確性。伏藏法即使是曠世珍寶，也好像祇流行於禁宮，被廣大群衆忽視。

⊙人類眼睛是雪亮，伏藏是否已過時？

伏藏尚未興起，何來過時；人類眼睛是雪亮，但我們仍未看過伏藏的內容，我以佛陀心靈的追隨者向世界發出宣言：伏藏是滿足活在不同年代、文化背景的人的需要，在此人心不安的年代，伏藏對人類心靈的虛無、煩惱的困擾，無疑是特效妙藥。這些教法直接觸摸人的內心，喚醒內心和體證宇宙眞實，以徹底的奉獻來投入修行，能把我們的生命轉化成慈悲智慧的流露，這些來自移喜蹉嘉的教法直接是持明傳承的代表，教法極具大能，輕易治除痛苦、消除障礙，促進世界和平。

⊙蓮華生大師保證凡人修習伏藏必獲得他的加持嗎？

蓮師曾說過：「我從沒有離開那些具備信心的人，也沒有離開那些沒有的信心的——雖然他們見不到我！」蓮師的慈悲加持及於一切衆生。移喜蹉嘉離開西藏，與西南方的蓮師同在時，他也向徒衆述說：

> 我沒有死去，也並非往赴他方。對那些全心奉獻，向我祈求的人，縱然我沒有出現，我也將賜給他們悉地。

⊙如果我們修習空行心髓，上師能否把最簡單直接獲得蓮師和移喜蹉嘉加持的方法開示？

一個有效的成就法不一定是很困難或繁瑣。透過觀想蓮師和移喜蹉嘉的結合，自我與世界的結合，慈悲與睿智的結合，我們便可離開這個充滿憎恨疏離的世界。

祇須打開自己的心靈，實踐慈悲（具體是布施、持戒、忍辱、精進和禪定），接納佛陀的智慧，我們就能把蓮師和移喜蹉嘉的加持帶到現今的世界。

我們以堅信和奉獻，便能進入由蓮師建立，由移喜蹉嘉傳遞的壇城，接受「另類」的智慧和加持。

⊙上師是否這樣說：堅信和奉獻地修習空行心髓，以慈悲和智慧的心靈作爲自己的宗旨，開放自己的心靈——就是導引我們走向成就空行心髓的捷徑。

大致對的。

2 妙音女神　度化眾生

⊙請上師開示空行心髓傳承的歷史和方法。

我先說移喜蹉嘉吧！他前生是常啼菩薩，也曾是一位女商人，曾連同五百名婦女向曇無竭佛立誓要在人間廣度眾生。釋迦牟尼佛時，他是恆河女神，並學習世尊的教法；天壽緣滅，他又住於報身界，成爲主宰和諧的女神，稱爲「妙音」。

⊙妙音女神以何因緣化成移喜蹉嘉？

全能的蓮師知道要到西藏弘法利生，他來到報身界，召喚金剛瑜伽母、妙音天女、毘俱致度母和六界所有空行母，他們喜樂地歌舞，蓮師向眾女神言道：

啥

無執於大執密處，
無執之執是大樂的金剛權杖，
透過雜染的明亮光輝，純淨將得到體證，
將大樂的奧妙和祕密展示流佈的時刻已降臨！

妙音天女從雲海女神中飛升，歌音婉轉唱道：

伙！
赫魯迦，勇士，最勝舞者，大樂之主！
你已展現九地，
神聖的蓮花，住於大樂的至樂者！
不受降生的痛苦，
我將在西藏化現，使佛法在這野蠻邊地傳播！
蓮師化成金剛「笠」，妙音天女化成蓮花「陰」。他們一同進入大定狀態。
金剛說：「沙瑪也，伙。」
蓮花說：「沙瑪也，薩溫。」
金剛說：「沙瑪也，啥。」
蓮花說：「沙瑪也，悉他。」
金剛說：「伙！涵。」

蓮花說：「嘩家！也美。」

五欲仙女獻上禮讚和供品，赫魯迦摧破所有障礙，諸佛、菩薩的灌頂甘露如雨降下，金剛天女起舞，壇城四門護法繼續保衛，十方護法俯伏聽命！

金剛蓮花大樂雙身滲至法界每一領域，光照三界，四處響起天籟咒音。妙音天女投生藏地一個貴族家庭。

⊙移喜蹉嘉降生時，有特別祥瑞嗎？

如所有成就者降生一樣，移喜蹉嘉降生凡塵時，大地震動，天雨香花，降生地附近的小湖變大（移喜蹉嘉的「蹉嘉」，意思就是湖泊），湖中長出各種顏色奇妙的花朵，天空有七色彩虹環繞。

大地上的人們聽到天界隱約傳來娓娓歌聲：

唅！

大樂法身是極樂普賢佛母，
報身是金剛瑜伽母，
你是化身——諸佛之母，我們一同讚美。
法身是金剛空行母，是廣闊的虛空，
報身是妙音天女，三世諸佛之母，
你是化身，具圓滿印記的奇女子，你是尊勝者。
法身是智慧虛空的任運展現，
報身是具七眼白度母，勝者之母，
你是化身，人中最勝者。
我們向你頂禮！

3 那洛成就 諸佛之母

⊙原來移喜蹉嘉是金剛瑜伽母的化身，記得我修上師瑜伽和頗瓦時，都先修金剛瑜伽母一遍。

金剛瑜伽母是諸佛之母，要成佛道，修金剛瑜伽母是不可缺少的。

⊙上師慈悲，可否公開金剛瑜伽母修習儀軌。

寧瑪的信衆，祇需修「容噶」。金剛瑜伽母以噶舉派那洛巴殊勝。

⊙上師常教導弟子，放下門戶之見，不要有宗執；加行修好後，更要放下宗執，不管是紅、白、花、黃，祇要是成就法，就是修持！

很好，放棄宗執，才是佛祖的心靈。我應你的要求，把金剛瑜伽母修習儀軌公開，爲了方便觀想，我以白話翻譯。這個法本由金剛瑜伽母傳給那洛巴，其後由薩伽巴持有口訣傳承，是金法之一；也有說格魯派宗喀巴大師的極密本尊就是金剛瑜伽母。這個法本由多組瑜伽構成，修習者行、住、坐、臥都觀想自己是金剛瑜伽母，自己身體各處現起月輪，各有不同字種。臍間字種是紅色的「嗡・邦」；心間字種是藍色的「咸・欽」；喉間現出白色的「啥・芒」；前額是黃色的「啥・啥」；頂輪是綠色的「吽・吽」；身體各處則充滿煙灰色的「呸・呸」。

專一修習金剛瑜伽母，起床時除作以上觀想外，還要念咒來穩定字種：

嗡・森巴尼・森巴・吽吽呸。

嗡・嘰哈那・嘰哈那・吽吽呸。

嗡・嘰哈那・八也・嘰哈那・八也・吽吽呸。

嗡・阿拿也・伙・邦加溫・班渣・吽吽呸。

⊙觀想穩定後，進行那種瑜伽修鍊？

此時需要陳設食子，進行供奉食子瑜伽。首先念咒加持食子：

嗡・看卓魯希・吽吽呸。

嗡・娑把瓦・許答・沙瓦達痲・娑把瓦・許多・杭。（意思是：一切現象顯露空性）

在空性狀態中，「養」字生風，「阿」字生火，「阿」字生起人頭灶；之上，從「阿」字現起廣大顱器。顱器內，「嗡」，「卡」、「晏」、「侵」、「吽」生五甘露；「林」、「炆」、「朋」、「貪」、「邦」生五肉；顱器內風吹火閃，內裡的甘露翻滾。

顱器內「吽」字生起倒轉的喀杖噶，插在中央。顱器更有三行子音及元音咒鬘，頃刻間轉成「嗡、阿、吽」三字，放光供養十方如來，勇士和空行；使他們內心喜歡，由是放光加持五肉、五甘露，變成無上智慧甘露，念「嗡、阿、吽」三次。

⊙原來供品要經過如此細緻觀想，多次加持後才邀請本尊享用。

又從自己心間「邦」字放光，迎請金剛瑜伽母從色究竟天下降。伴隨著金剛瑜伽母的是無數的上師、本尊、諸佛、菩薩、勇士、空行、護法、神祇，他們來到自己面前，舌頭現出三股空心金剛杵，啜飲顱器中智慧甘露。這時向金剛瑜伽母獻上食子：

嗡・班渣・呀嘩哩伙・渣吽邦伙・班渣・得堅尼・沙媽也・頓・處沙也伙。

然後是外供：

嗡・班渣・加那・得堅尼・阿甘・巴登・波比・得比・阿洛既・更爹・尼威爹・雯打・瑪哈沒咱・日打・班渣・巴冷打・沙嘩・班渣・阿吽。

內供是：

嗡・班渣・喲堅尼・沙巴尼嘩啦・嗡・阿・吽。

⊙獻食子瑜伽外，金剛瑜伽母還有甚麼法要？

我向你介紹金剛瑜伽母的睡眠瑜伽。入睡前，觀想自身成爲一面二臂的金剛瑜伽母，安詳地處身雙三角形交疊的壇城內。自己安躺時，觀想自身枕在上師報身佛多傑羌膝上，這時的多傑羌是左手持鈴，右手持杵。以我的經驗，這樣觀想會使人很快入睡，睡得很甜，內心生起善念。

⊙那麼，清醒時又應如何修持？

睡醒時，觀想來自二十四處聖地的空行，發出以純淨光作爲媒介的咒聲，使自己從睡夢中清醒；洗面時要確知金剛瑜伽母在洗面；穿衣時，金剛瑜伽母在穿衣。簡言之，自己日常一切活動，都是獻給金剛瑜伽母享用。

⊙提到享用物質，上師常用壇上顱器給我們甘露加持。

通常我用的是金剛瑜伽母的加持方法，原理是將酒或茶傾注於有蓋的顱器內，放入甘露丸，左手無名指從顱器中點上甘露，在自己右手手掌順時針方向畫上三角形。三角形的三點象徵「嗡•阿•吽」三字種；即「嗡」字在掌心的底部，「阿」字在左，「吽」字在右。一面畫三角形一面念誦，又將手指點上甘露並在三角形的重心放下一滴，如是三次放下三滴，三滴甘露併合，以舌頭接觸和品嘗味道，觀想自己正在體驗與空性不可分割的大樂。

4 每日勤修 瑜伽母法

⊙以上的觀想很生活化。上師可否介紹一種坐下來作短暫修持的金剛瑜伽母修習法。

這套修習法以觀想爲主，我以白話來演繹：

一、皈依

我與廣闊虛空般的一切衆生，

從此刻直至成就覺悟，
皈依圓滿覺悟的善逝；
皈依於神聖的佛法；
皈依於依法修行的僧團。（三次）
我頂禮和皈依上師及三寶，
請賜給我激發心靈力量的加持。（三次）

二、發心

當成就圓滿佛果，
我將解脫所的眾生，
使他們離開輪迴苦海，
到達圓滿覺悟的大樂。（三次）

三、生起次第

在自己前面的虛空，出現八隻雪獅圍繞的寶座，雜色蓮花和月輪上是自己根本上師，他顯現成金剛持的報身相，全身紅色，一面二臂。右手搖振手鼓，響起空樂之聲；左手持盛滿甘露的顱器和挾持喀杖噶，雙足金剛座，全身骨飾裝嚴。他散發生命活力的光輝，蘊涵所有皈依境的精髓。

向上師祈請三次：

「我向上師懇請——你是三世諸佛的精髓。診貴的上師，請賜我意志的力量，請賜我激發心靈的力量。」

上師融成一股紅暖光，從自己頂輪進入心間，現成紅色字種「唉・唉」後，又變成兩個紅色三角形；出現白色「阿」字，變成月輪；中央有紅色「邦」字，周邊咒鬘圍繞：

嗡嗡嗡・沙嘩・缽打・得堅尼耶・班渣・嘩拿尼耶・班渣・啤路・燦尼耶・吽吽吽・呸呸呸・梳哈。

咒鬘發放光芒，充滿自身，淨化自己身、語、意的不善，障礙和疾病。自身變成一個光球。

經過這種轉化後，自己才現成金剛瑜伽母相狀，站於日、月輪上，伸出的右足踏著紅色基拉華蒂胸口，屈曲的左足踏在黑色拜華花的背上。

自己赤裸的身體猶如熾燃劫火般通紅，一面二臂三目，眼睛望向上方的空行刹土，右手持有金剛杵標記鋒口向下的鉞刀；左手高舉盛滿鮮血的顱器；嘴巴正在喝飲鮮血；左肩挾持金剛杵標記的喀杖噶，喀杖噶懸著小鼓、鈴和三條絲帶；烏溜發亮的黑髮垂至腰際。自己年輕貌美，充滿活力，能體驗恆久提升的喜樂。頭戴五骷髏冠，五十個人頭串成的項鏈爲嚴飾。自己身體的皮和肉之間，升起月輪；自己臍間有紅色「嗡・邦」字種；心間是藍色「咸・欽」字種；喉間是白色「啥・芒」字種；前額是黃色「啥・啥」字種；頂輪是綠色「吽・吽」；四肢是煙灰色的「吥・吥」。

從自己心間的咒語發放光芒，穿透皮膚每一毛孔以至遍及六道衆生，將他們的不善業和障礙清除，並轉化他們爲金剛瑜伽母。

念「呸」一聲，從自己心間的「邦」字放出光芒，迎請從色究竟天佛土而來由十方勇士空行圍繞的金剛瑜伽母，以及無數的空行母，他們融入自身。念：

渣吽邦伙。

嗡・喲家・許答・沙瓦・達麻・喲家・許多・杭。（意思是：我是存在於現象界中純淨瑜伽的屬性。）

自己心間的對疊三角形出現月輪，中央有字種「邦」，周圍是逆時針方向排列的紅色咒鬘環繞，並放出無量紅光，淸潔衆生一切惡業和障礙，供養諸佛，使諸佛喜悅，紅光加持融入咒鬘和字種「邦」字，由是激發我們心靈的力量。

隨宜念誦心咒若干遍：

嗡嗡嗡．沙嘩．缽打．得堅尼耶．班渣．嘩拿尼耶．班渣．啤路．燦尼耶．吽吽吽．呸呸呸．梳哈。

心間字種「邦」字及咒鬘放射光芒遍滿三界。無色界以藍光融於我上部的身體，色界以紅光融入自身的中部，欲界以白光融入自身下部，自己逐步由上而下融入光中、融入於現象界中；光融入月輪，融入咒鬘，融入「邦」字，然後融入元音「鶩」字，融入「半月」，融入「明點」，融入「那打」，愈縮愈小，最終融於清淨光的空性中。

在空性中，自己刹那現成尊貴的金剛瑜伽母。自己身體的肉與皮之內，生起月輪，臍間是紅色的「嗡．邦」，心間是藍色的「咸．欽」，喉間是白色的「啥．芒」，前額是黃色的「啥．啥」；頂輪是綠色的「吽．吽」，四肢是煙灰色的「呸．呸」。

嗡・森巴尼・森巴・吽吽呸。
嗡・嘰哈那・嘰哈那・吽吽呸。
嗡・嘰哈那・八也，嘰哈那・八也・吽吽呸。
嗡・阿拿也・伙・邦加温・班渣・吽吽呸。

最後便是迴向：

願以修法功德，疾速達致空行成就；
願我引領一切衆生，無有遺漏地達致這一狀態。

祇要記及聖尊，即可清除心間一切痛苦，假若你能堅忍修持，這生即可成就大手印。

5 蓮師攝引　蹉嘉佛母

⊙多謝上師恩賜金剛瑜伽母修法。移喜蹉嘉出生時出現不可思議的景象，父母一定如珠寶善待他！

父母十分疼愛他，他出生後一個月，已長得儼如八歲大的可人兒，父母為避免閒話，將移喜蹉嘉養在深閨，不讓別人看到。女神化身卻一年比一年長得漂亮，智慧成熟，各地頭人知道了。恃著武力威脅要迎娶移喜蹉嘉，父親恐怕觸怒求婚失敗者，為平息紛爭，祇好暗中將他暫送他處。

年輕的移喜蹉嘉命運急轉直下，由富貴奢華的生活變成簡單純樸，離家後的他不顧一切希望把生命奉獻於宗教修行，數次給頭人捉著，迫他答允婚事，甚至毒打他，他也毫不屈服；後來赤松德贊王知道此事，便納他爲妃；至此，他才停止流亡生涯。

⊙這時蓮師已入藏弘揚佛法了嗎？

蓮華生大師已進入西藏，當時他要面對數個難題：

1. 如何調伏作爲國皇的、驕橫的赤松德贊王，使他忠心弘法。
2. 當時的權臣，地方頭人，多是苯教徒，他們是政治上的既得利益者，如何減少他們對弘揚佛法所構成的障礙。
3. 當時西藏是一片未受佛法開導的蠻夷地域，藏人的生命質素低劣，如何令藏人改變成見，接受佛陀的教誨。

面對障礙，修成赫魯迦的蓮師以手印及「吽」聲，示現爲忿怒蓮師，袪除一切障礙：權相準備在小路埋下伏兵，反被忿怒蓮師嚇破膽，紛紛暈到地上。忿怒蓮師以幻變來到皇宮，不可一世的赤松德贊見到也即於跟前暈到。既已折服赤松德贊，蓮師便重現寂靜平和狀態，坐上寶座。國皇甦醒後，收斂傲氣，有禮地向尊師頂禮，並獻上禮物，貪學密法的赤松德贊又再向蓮師懇求教法！

⊙赤松德贊以帝皇之尊向蓮師懇求教法，蓮師有沒有特別優待他？

佛陀與蓮師都是基於慈悲本懷、對應時機而給予教法，絕不含有差別的動機，當然赤松德贊以帝主身份向蓮師求法，他在「謙卑」這方面已做得很好。但蓮師覺得他仍未適合修習密法，便對他說：

這不是教你密咒的恰當時機，你必須先學習大乘，淨化自己的意念後，明年這個時候我就給你傳授密法。

⊙赤松德贊有否聽從蓮師吩咐，好好的學習大乘教法？

赤松德贊親眼目睹蓮師密咒神變的威力，由是對密法的使用例如神變很是動心；但是，他對密咒的本質——內心覺醒、慈悲、對上師純粹的奉獻——卻仍未體會。

反之，身為王妃的移喜蹉嘉在赤松德贊王的眷顧下，得到全藏最優良的師資指導而學會了五明（聲明、因明、醫方明、工巧明和內明），文化水準提高，加上他本質善良，誠心修佛，移喜蹉嘉在這些日子已奠定成為蓮師忠實弟子的基礎。

⊙蓮師有否依原先計畫，攝受赤松德贊王？

作為西藏人民的君主、藏族子孫千秋萬世的幸福舵手，赤松德贊王如果選擇佛教，他必然要比平常子民付上更大的誠意來求法。

⊙赤松德贊王如何表達自己求法的誠意？

赤松德贊王邀請蓮師來到皇宮接受供養，他準備了黃金和寶石的曼達獻給蓮師。爲了達到終極奉獻，他象徵性地把自己國土猶如曼達的須彌山和四大部洲般獻給蓮師。並向蓮師禮拜九次，向他祈請：

偉大的上師寶！
我將一切——包括權力，也送給你，
因你的大悲，你不捨人、天，
我將全心全意追隨你。
我追尋不同世俗普通的佛法，我要超越因果業力的密乘教法，
請賜我即生成就的教法！

⊙赤松德贊王如此誠懇，蓮師如願攝受嗎？

赤松德贊王祇重物質供養，卻未重視內心的覺醒。驕傲習氣尙未除

去，蓮師便唱了一首道歌指點藏王：

唉瑪伙！
偉大的法皇誠懇諦聽啊！
我是蓮華誕生者——蓮華生。
我從無量光佛身、語、意的金剛光芒而來，超脫生死；
我從無盡的大樂蓮花領域而來，降生於無邊無際的廣闊海洋；
無因無果，我在蓮華中出生；
無父無母、無家無族，我超越生死；
由雲聚的空行加持而神妙地降生、化現。
我修行最神聖的密乘且達致成就——
它是最高和最根本的教法！
它能超越因果業力。
縱然你承諾盡一己形壽崇敬和振興佛法；

縱然你擁有管治這大片土地的權力——
你不能用物質交換佛法！
默許教法玷染，我和任何人死後必墮地獄！
縱然你擁有無上的世間權力，
又予我國君般的禮物，
這些都不是揭示祕密教法的足夠理由！
祕密教法需要的是珍貴容器，
好像母獅的奶——祇有在珍貴的容器中才可保全它的鮮美，
倒進劣質容器，奶的精髓便變壞了。
故此，我會把祕密教法存留心內。

說畢，蓮師身體隨即變化，上半身擴展及六欲天，下半身伸展到地獄；然後，再變回原樣，定於寶座上。

⊙赤松德贊王這般誠懇求法，蓮師尚不攝受；反觀自己把薪金十分一供養上師便覺得自己很了不起，已盡了弟子對上師本份，聽來自己很覺慚愧。上師，何時蓮師才攝受赤松德贊王，教他密咒？

赤松德贊王聽後，俯伏地上失聲大哭，要求蓮師接受他學法，蓮師這樣對他說：

唉瑪伙！

為甚麼祕密教法稱為祕密？

密乘中沒有甚麼是有罪的，

但要對那些下乘下根的人守祕。

你，國皇，並非那樣無緣，

但以智慧發慈悲之心卻是必要的，

懷著信心和奉獻的人永不後悔，

對祕密教義的上師徹底尊敬和榮耀。
我不受煩惱和貪求所染污，
我已沒有任何的執著，
但一位女性法侶是祕密教法中必須的配備，
他必須來自良好家庭，終極奉獻於法，守持誓言，形貌可愛；
他必須善巧方便、智慧和具學養，
他必須有慈悲胸懷，具備智慧空行標記。
沒有如此一位法侶，
成熟和解脫的修行必被障礙，
祕密教法便不得成就！
太陽之下的整片大地可能很多人修行密乘，
得到成果的卻儼如白晝晨星般稀少。
對你，偉大的國皇，
我將打開祕密佛法之門！

說畢，蓮師便示現金剛薩埵形態，再次坐在寶座上。

聰明機智的赤松德贊領會其中密義，他卸去皇冠，向蓮師俯首叩拜，獻上七寶和妃子移喜蹉嘉，蓮師很是欣喜，爲移喜蹉嘉作特別灌頂，兩人成爲法侶，到了杉蒲進行祕密修鍊。

⊙赤松德贊把愛妃移喜蹉嘉奉獻給自己上師好像有乖倫常；難怪有人常垢病我們寧瑪派，上師請您慈悲解說辯護。

（凝望虛空，默然不語。）

6 出離俗世　入佛慧海

⊙上師，請您繼續談蓮師和移喜蹉嘉的修行？

蓮師首先教導移喜蹉嘉的是：多作善行和追隨佛陀的教法，尤其是四聖諦。

蓮師給移喜蹉嘉開說了佛教早期的經、律、論三藏，尤其是無常，使他的法侶深切瞭解宇宙因緣法則的流變中，種種現象都是無自性地呈現，從而體證「無我」，遠離世間貪愛欲求，趣入涅槃。蓮師並爲他授戒，解釋給他知道怎樣情況下必須接受，怎樣情況下必須拒絕，使他成爲純淨的僧人。

蹉嘉用心學習，進步也快。他的禪修穩定，靈性修行達致很高的境界，具有淨相現見的本領。

⊙移喜蹉嘉第一次祕視，現見甚麼本尊？

移喜蹉嘉第一次祕視，親見自己的報身——妙音天女，並受他的祝福和加持。自此之後，移喜蹉嘉能徹底記憶過去自己所學的教法，他以肉眼可了知整個世界，初步顯示微妙神通。

根據移喜蹉嘉的憶述，他說：

我長久以物質和身、語、意的供養為基礎，使我獲得所有教法，猶如將一容器內的物質轉移到另一容器那樣容易。

我進入一個既平靜且圓滿的狀態，清楚明辨那些教法才是真正的佛法，亦明白九乘教法的內容，了知因果輪迴背後使人痛苦的教示，我希望得到最殊勝、超越因果業力的佛法。

移喜蹉嘉向蓮師唱誦求法歌：

勝主，化身者！
誕生在鄔金，你超越印度所有善知識！
在藏地，你是佛的繼承者。
對於我，雖然年輕，但有特殊的經歷，
自十二歲，我已飽嚐痛苦，
我的父母不追隨佛法，
更將我許配那些不追隨佛法的男子，
對於這些世俗事情我不再留戀；

我逃至虎內河谷，
又被貪求控制的求婚者活捉和禁錮，
無力的我深諳痛苦！
上師，主人，因你的大悲，
偉大的法皇給我療護——冊封為后並將我帶至桑耶。
我十六歲時，國皇將我獻給你，
作為智慧灌的基礎。
現在我深明因果輪迴背後痛苦的啓示，
請求賜予我超越因果的最勝佛法！

7 學密初基　守持誓戒

⊙移喜蹉嘉這樣年輕便將成爲學密的根器，蓮師有沒有進一步把密法傳給他？

蓮師見到蹉嘉已成密器，便開始指示他修密了。

蓮師先教他覺悟的基本誓句：無始以來，每個人的身體已具備本尊的屬性，每個人的語言都是密咒之聲，每個人的內心，都有意念本質的覺醒，因爲人永不能離開眞實。

跟著，蓮師教導移喜蹉嘉與別人相處之道：

第一、要分清楚上師有六種：一般的上師、指引入門的上師、作爲承諾對象的上師、救贖破誓者的上師、袪除所知障的上師和給予教示及誓戒的上師。

第二、要分清楚師兄弟有四種：一切眾生是一般的師兄弟；追隨佛陀教法的是遠房師兄弟；同一密乘傳承是親近的師兄弟；同一壇城的是極親師兄弟。

第三、蓮師教導移喜蹉嘉怎樣守持誓戒。第一層次要視誓戒爲自己的主人、自己的父母，甚至自己的摯友，第二層次要將誓戒視作自己的雙眼、自己的心臟、自己的生命。第三層次要將誓戒視作本尊，不能在身、語、意三方面作出狡猾，欺騙。

總括來說，對所有修行人及師兄弟，都要在身，語、意三方面恭敬，敬禮他們，爲他們敷座，自己就好像忠心的僕人，侍奉他們所需，如身物，財富，快樂和享受。

更重要的，蓮師指導移喜蹉嘉守持上師誓戒：必須尊敬，榮耀和供養上師親近的人——他的妻子、兒子、父母、兄弟和其他親屬，甚至僕人。視他們與上師無異，報以最高的尊敬。

自己要好好聽從上師的話，永不輕視那些侍奉上師的人，他的學生、他的弟子、他的施主等。簡單來說，自己必須榮耀和侍奉那些上師心愛的人，視他們與上師無別，甚至上師豢養的鳥、狗。未得上師或師兄弟批准，不能享用他們的食物、錢財，小如芝麻種子，連想也不可。

不能踏過上師的衣帽、枕、床、座位，甚至是影子，踏過這些事物無異於毀壞佛像或佛塔。自己不應在上師面前，甚至背後開玩笑地提議一些不恰當的行爲。不應在別人面前批評上師，不能造謠污衊上師，任何人與上師爭吵、針對上師，必輪迴下隨於金剛地獄，縱然向三千大千世界如來祈請也不能得救。

⊙移喜蹉嘉在身的誓戒已經這樣嚴謹。假使在剎那間對上師及師兄弟產生欺瞞、

惡念、辱罵、殘害，已犯了身的誓戒。

對。跟著是語的誓戒，主要是修習三種密咒，五種手印和七十萬個壇城。三類的密咒是：一、根本咒。二、用作觀想的密咒。三、要不斷重複的行咒。

五種手印則是三昧耶印、業印、智慧印、法印、大手印。在七十萬個壇城中，移喜蹉嘉修了最高的大樂三摩地；在本尊壇城方面，他的強項是馬頭明王和金剛亥母。

⊙馬頭明王是八大修部其中一項，蓮師是很重視八大修部。

移喜蹉嘉每天都認眞修行八大修部成就法，對於七十萬個壇地，他將它們分成高、中、低三個層次。他每日都將最高水準的法本修好，未嘗忽略任何附屬的修法或獻供；中級修法，他每逢新月和滿月都修八十次或以上；低級的法本，每月都有修習；就算最小的法，也每年修一次，蓮師所傳的教法，移喜蹉嘉都完整，圓滿地修好。

⊙我覺得很慚愧，移喜蹉嘉具備如此天份，又得天成蓮花降生者為師，他仍日夜努力精勤修鍊，他的成功絕非僥倖啊！

菩薩六度中，精進波羅蜜多佔的比重很大，世尊入滅前亦諄諄訓勉弟子應勤力精進，成佛亦要以精進為緣啊！下一步，移喜蹉嘉便要守護意的誓戒，這是甚深的觀想，透過身、語、意的經驗而達致外、內、密密層的次的行。

外密的四層，分別是本尊、本尊的特點、本尊心咒和本尊生起的體證徵象。

內密亦有四層，分別是修法的地點、時間、法侶和用具。

密密主要是守祕，包括作為獻供的物品，儀軌進行時的密供，例如獻藥、食子、顱器、金剛橛，喀杖噶、金剛杵、鈴、念珠和其他修法時手持的象徵法器；供壇城的八種寒林嚴飾；高級密乘修行物品，包括骨鼓、嘎巴喇和骨簫。

意的誓句還包括不能將師兄弟私人的修法及為補贖惡行的淨化修法向任何人洩露；亦不應議論有關上師、師兄弟的行為。

移喜蹉嘉深深明白到完全因為蓮師大悲的加持，他才得以進入最高祕密教法，而進入祕密教法之門是灌頂，灌頂的根本誓戒；所以移喜蹉嘉從未破毀一絲誓戒，每天也不離它們。

8 忍受怨害　火舞空行

⊙蓮師指導移喜蹉嘉修行，是否一路順利？

世事變幻，因緣無常。蓮師和移喜蹉嘉的修行，被苯教頑固的貴族頭人指責，並無恥地引作排斥在西藏推行佛法的理由。大群的守舊大臣、貴族以傳統和習俗爲藉詞，要求逮捕蓮師，控以「違法」，「神棍」的罪名，並放逐移喜蹉嘉。

⊙赤松德贊身爲蓮師弟子，又是藏王，他是這片土地眞正權力擁有者，他會屈服敵見嗎？

赤松德贊初期對蓮師的信心比任何人都來得薄弱，他雖擁有統治的權力，正因爲此他的力量最渺小，他沉醉於君主的權力。作爲他統治工具的群臣、頭人大都是頑固守舊的苯教徒，他在神聖的誓句和世俗權欲上要作出抉擇，繼續推行佛法，寧捨性命來換取上師的榮譽，抑或繼續享有帝皇的權力和生活享受？最後，赤松德贊王讓步了，他採取妥協方式，協議是將蓮師送走，將蹉嘉流放艾巴。

⊙赤松德贊王以國君之尊，竟在此刻犧牲上師的利益，太教人失望了！

蓮師雖沒有世俗的權力，卻有足夠法力保護自己和法侶。他們移居空行聚集的澤桑，那裡沒有人可以找到或傷害他們。當蓮師和移喜蹉嘉修行告一個階段後，十二丹瑪出現，帶了一張發放耀目白光的轎椅，讓蓮師和他的法侶乘坐在天空飛行，赤松德贊和大臣們看見後，又重對蓮師生起信心。

⊙蓮師和移喜蹉嘉在殊勝的空行聚居地，有甚麼特殊教戒？

他們在空行聚居地修成空行心髓。灌頂儀式舉行之前，蹉嘉向蓮師敬禮九次，獻上曼達和唱頌讚詞：

唉瑪伙，鄔金的蓮華主！
你成就金剛的身體；
你不懼死主；
你展示化身，戰勝惡魔的大軍；
你修成虹霓不死身，
五蘊魔不能障礙你，反變成你的朋友。
無死的上師，蓮華生，

我蹉嘉心中生起永不改變的信念。
我可以請求最高的密乘教法嗎？
請你以智慧和大悲關顧我，
並請打開成熟和解脫的壇城，
直至我也達致覺悟，
懇求你慈悲除去我所有障礙。

上師答允蹉嘉的請求，展露大悲的笑容，他面上發放五道光芒，瀰漫整個三千大千世界；最後，光芒折回蓮師面上，他即念了兩個咒音——「渣」、「吽」，蓮師身體轉成祕密忿怒多傑佐波，並進入蓮華寂靜平和中。

這時，無數男女空行齊集跳起大樂圓滿舞蹈，日月的光芒燃照他們的脈輪，身體整個脈輪的結構清晰可見。

本尊群出現圍繞獻供，在遍滿空樂不二的覺醒虛空中，蓮師和移喜蹉嘉打開了空行心髓的壇城。

蓮師的色身變得清澈透明，身體壇城升起雙身的五方佛——圓滿淨化的五蘊變成五方佛的佛父，智慧狀態的五大變成五方佛的佛母。

蓮師給予移喜蹉嘉空行心髓灌頂，並吩咐他：「透過外在的瓶灌和五位寂靜佛的外在層面的成就法，你必須體證外在世界一切環境和天上宮殿一樣，衆生是天神和女神，你這樣修七天吧！」

移喜蹉嘉按照蓮師吩咐來修持，他很自然地看到外在世界就如天國宮殿般明耀，沒有晝夜之分，所有衆生都是雙身五方佛的形態。

⦿換言之，空行心髓的外灌頂是喚起修行者的覺醒，把生命質素提高至天界，並得五方佛加持。請上師開示空行心髓的內灌頂。

蹉嘉以至深敬信和大悅向蓮師獻曼達，唱讚頌：

唉瑪伙！

我這物質身體，
頭頂是須彌山，四肢是四大部洲。
大樂的蓮花是輪迴和涅槃之地，
請接受這個曼獻，大樂最勝曼達！
為衆生帶來大悲！

這時蓮師悲悅地大笑，三界也爲之震動，四周發出「哈・哈」和「嘻・嘻」的聲音。蓮師變現馬頭明王（蓮花赫魯迦）在火光中出現，蹉嘉變成金剛亥母。

蓮師馬頭明王五輪中各現起雙身的空行，蹉嘉亦在灌頂下體現三身——眞實的精要形態、本初的動態能量和它的任運展現。

蹉嘉的五毒煩惱轉成五智，並進入「不動的空樂三摩地」，他獲得密灌和到達第八地。

蓮師如意寶給予蹉嘉最快速和可靠的法門，移喜蹉嘉體證了蓮師是馬頭金剛和佛母的聯結，經驗上肯定上師就是本尊。他已體證自身爲本尊，能量爲咒，任運爲大手印。在七天內他每天修習三座，初時修習很困難、痛苦，逐漸他克服了痛苦。他在自身之內聽到本尊和諧共振之聲，移喜蹉嘉的咒音能量無礙地流動；最後，他徹底達致不動的暖和樂的圓滿。他把業力淨化，停止了業力的能量，明澈覺醒的智慧能量進入中脈，成就的徵兆相繼出現。

⊙蓮師對移喜蹉嘉的成就有沒有特別的認定或授記！

蓮師這時提醒移喜蹉嘉：「麥子尚是青色時不要收割，還有密密灌頂哩！」

移喜蹉嘉會意，遂向蓮師請求：

鄔金的蓮華如意寶，

更勝三時諸佛，
請對我賜予最奇妙灌頂。

蓮師立刻變成紅色赫魯迦，全身發放無盡光芒，顯示極憤怒的樣子。心間現出祕密字種「吽」字，發放出來，光芒聚集又重回上師壇城，蓮師再變成殊勝赫魯迦，在金剛吼聲中說：

喇哈！
請以不動的精神聽著，
空行蹉嘉瑪，至善至美的皇后！
你想進入內修持明壇城嗎？
獻上祕密大樂的曼達。
假如你洩露這教法，

你將破毀自己的誓戒。

移喜蹉嘉頃刻摧破所有世俗現象，熟成大樂空行母，他以五寶作大樂壇城的供養，向蓮師懇求：

大樂的聖尊，佛意的化現，
大樂之主，上師，
懷著信心和快樂，
我希望進入內修持明壇城，
我會如生命般守持誓戒。

移喜蹉嘉以九隻手指造了蓮花手印，蓮師做了杵輪手印。蓮師赫魯迦以大樂光明籠罩移喜蹉嘉，打開祕密壇城，進行最祕密的空行心髓灌頂。

⊙這應該是最大的灌頂，上師可否開示其間移喜蹉嘉的經歷？

根據移喜蹉嘉的記憶，他說：

我感到自己蘊攝在上師的悲智壇城，我四個根本輪——前額、喉輪、心輪、臍輪，轉化成四大赫魯迦，我在宇宙壇城中獲得四喜的灌頂，我發放千百萬個奇妙景象、光芒和種子字。

當我接受上師加持時，在前額根本輪中，我看到三十二界度，白光奪目，發放覺悟的光芒，在三十二界度各有三十二對白色的父母赫魯迦，我的憤怒被淨化，異熟身的習性被淨化，得度化支分，我得以利益十方七大世界。

在喉輪中我看到十六界，裡面有十六對黃色的父母赫魯迦，我的執著被淨化，語的習性被淨化，得積習道支分，我得以利益十方二十世界。

在心輪裡，我看到八個藍黑色的領域，有八對雙身藍黑色赫魯迦，我在意方面的習性被淨化，看到解脫道支分，我能利益十方三十六個世界。

在臍輪裡，我看到六十四個領域各有一對雙身紅色赫魯迦，我在身、語、意三方面所積習的惡業被淨化，看到了完全清淨支分，我能利益十方無盡世界。

蓮師告訴他在生起四喜時，自己會伴隨著狂喜，但切記不要執著喜樂，讓智慧經驗逐漸生起，若然執著四喜大樂，便會失卻覺悟的機會，那比弒殺無量光佛所犯的罪行更深大。

蓮師又教導蹉嘉如何逆轉和生起能量，蹉嘉持著能量，猶如水放在瓶中，能自由地將它提起並生起大樂，等持的內心覺醒未受情感玷染，也沒有一刻被昏沉征服。

⊙移喜蹉嘉透過逆轉能量，在生理上的輪位和精神上的覺悟，有沒有明顯的變化或成熟徵兆？

當蹉嘉集中動量在蓮花處，他淨化「無明」，消除十二因緣的第一層繫縛，生起各種預知力。

當蹉嘉集中動量在密輪時，他淨化了「行」，消除了十二因緣的第二層繫縛。

當蹉嘉集中動量在密輪與臍輪間時，他淨化了「識」，消除了十二因緣的第三層繫縛。

當他集中動量在臍輪時，他淨化了執著「名色」的習性，及淨化了輪迴和涅槃的區分，消除了第四層的繫縛，成就自性身。

當他將動量集中臍輪與心輪間時，他淨化了「六入」的思惟，他消除了第五層的繫縛。

當他把動力集中在心輪，他淨化了「觸」，消除了十二因緣的第六層，他消除俗念、昏沉，獲得法身。
當移喜蹉嘉把動力集中在心與喉輪之間的覺悟，他淨化了「受」，消除了十二因緣的第七層。
當化把動力集中在喉輪，他淨化了「愛」，消除了十二因緣的第八層，淨化了睡夢和極喜，他獲得報身。
當蹉嘉把動力集中在喉與眉間，他淨化了「取」，消除了十二因緣的第九層。
當蹉嘉把動力集中在眉輪，他淨除了「有」，消除了十二因緣的第十層繫縛，淨化了五官，獲得「化身」。
當蹉嘉把動力集中在眉輪與頂輪間，他淨化了「生」，消除了十二因緣的第十一層繫縛。
透過把動力集中和逆轉能量，他淨化了「老死」，消除了十二因緣中第十二層繫縛，成就佛身。

⊙換言之，我們可以透過人體的脈輪修鍊而逆轉十二因緣，怪不得世尊的教化，不祇是語言文字上的教法，還是實踐的方法。

很多即身解脫的方法都記錄在後期的佛典內，我們要續佛慧命，就要捨棄個人成見，甚至利益，團結一致，集結衆力，翻譯佛典。

9 自度度他　感化強盜

⊙**經過這第三層灌頂後，基本上移喜蹉嘉已與諸佛無異，蓮師對他仍有教誡嗎？**

這時，移喜蹉嘉已完成阿魯瑜伽的教程，他需要學習的是阿底瑜伽大圓滿。但是蓮師指出他仍未到達學大圓滿的時機，命他到尼泊爾找另一位法侶，他是馬頭明王的化身，身上有紅色印記，他年滿十七歲，是個貴族。

⊙移喜蹉嘉有離開慈悲的蓮華生大師嗎？

移喜蹉嘉已無自我中心的執見，耳裡祇有蓮師諄諄的教示。他毅然隻身前往尼泊爾，途中卻遇上七個強盜，他們如虎狼般覬覦移喜蹉嘉的財物和美色，最後竟被移喜蹉嘉以道歌調伏，憤怒、貪婪變成謙卑、信念，並且接受皈依，得到解脫！

⊙眞是不可思議，一個弱質女子可令七個強盜信服，請上師開示這個場面。

蹉嘉首先觀想上師在自己內心，然後觀想這七個牽著獵狗的強盜變成本尊，他把黃金財物都供獻給他們，使他們先放下敵意，才向他們唱起道歌：

唉瑪伙！
你這七個強盜，

我們是被過去業力而拉在一起，
你兇惡和憤怒的內心本質是法界體性智，
充滿仇恨、被敵意佔據的內心，
不從甚麼，而從光明和清澈中生起，
體證這就是阿門鞞佛，
不對自己眼前事物貪戀執著，
就是生起開放！
我父親蓮華生大師的國度是歡樂、
開放以及和平的領域，它是報土。
我不執著依戀形軀，
若果你想來到這片美好、圓滿之地，
我可以指引你們！
你這七人被過去業力牽引而集合這裡！

你們的傲慢是平等性智，
被自我和五毒佔據的內心，
不從其他，而從禪定中的平靜生起，
了知這種狀態就是寶生佛。
不執著依戀開放的概念是自身顯現的生起，
我父親蓮華生大師能圓滿所有需要和渴求，
他就是如意摩尼寶。
我不執著依戀虛幻的財富，
如你想有這樣一位圓滿的父親，
我可將我所有給你！

你這七人因過去業力而與我連在一起！
你們充滿貪婪的內心本質就是妙觀察智，
這執著美好的心不從其他，而從勝解生起，

新的智慧就是無量光佛。
不執著依戀緣生事物就是自樂的生起，
我母親就是無量光。
無比的大樂就是我的母親，
我不執著依戀樂與苦之味，
如你想有這樣一位圓滿的母親，
我可將我所有給你。

今天你們七人因過去業力而至此地！
嫉妒和扭曲的本質就是成所作智，
嫉妒和二分的心，不從其他，
而從中道的活動和體證中生起，
深思這就是不空成就佛。
不執著依戀於微細或顯現的經驗，

就是中道的生起。
我上師是圓滿體證，
行於中道是我圓滿的上師。
我不執著依戀行為領域，
但如你想有這樣一位圓滿的上師，
我可將我所有給你！

因過去業力而將你這七個強盜與我拉在一起！
無明本身就是大圓鏡智，
被甚深的無明和業惑充滿的心，
不從其他，而從法性中生起，
深思這無明就是毘盧遮那佛。
不執著依戀任何事物的軌跡，

就是如此地生起，
我的朋友是現象的如如顯現，
我唯一渴求的朋友就是無盡功德。
我不執著依戀經驗的主客兩極，
但如你想學這圓滿之道，
我可以教你！

⊙就是這樣，七個凶悍強盜被移喜蹉嘉調伏嗎？

蓮師降伏魔怨的模式，多是先鈎鎖，後懷控；頑強的才誅伏。蹉嘉就是用愛心和關懷，降伏了這七個強盜。

10 施行神蹟　死人復生

⊙蹉嘉最終能否找到馬頭明王化身的法侶？

蹉嘉在不丹的亦靈家沙佛塔得到蓮師的淨相示現，指示他在尼泊爾境內漢岡坑城南市集就可找到他的法侶，他名叫散尼，年輕俊美，貴族血裔。因他正處於逆境而要充作奴僕，他的主人要蹉嘉付上不少黃金才讓散尼離開。

⊙蹉嘉可有辦法贖回散尼？

蹉嘉施行神蹟，救活了一個已死去的富族兒子，富族很是感激，送了大量黃金作為酬謝，蹉嘉便用這些黃金贖了散尼，伴著他修行。

⊙上師可否詳細開示蹉嘉第一次神蹟？

蹉嘉正要籌集黃金時，城中有一個名叫雅拿那夜的富族兒子，一次打鬥中被人用刀刺死，他的父母痛不欲生，蹉嘉走到他們跟前說：「你們不必如此痛心，假如你給我黃金，我能令他復活。」富族立即答允，蹉嘉行至屍體旁，將一塊摺成四份的純白絲巾放在上面，然後唱頌：

嗡、阿、吽古魯沙嘩哈！

一切事物的根本都是美好的，

開始已純淨，不會迷途。

六道中化現的衆生，卻在道上迷失，
因而造成苦與樂的業力。
他們種因並償果報，
既然知道了，為何還如此？
我是熟練祕密教法的瑜伽母，
我父親是大悲蓮華生，
他無懼生和死。
他剎那便驅逐所有魔障——
現在，我懇求他賜我至好的加持。

頌畢，他以手指指著男童的心間，屍體逐漸回復光澤。蹉嘉把少許水份注入他口中，跟著念動真言：

阿育・贊拿・邦。

還在他胸口傷處塗上少許藥物，奇蹟出現了，那個男孩回復了知覺，徹底復生。

⊙通常施行神蹟後，當地民眾必會瘋狂崇拜行神蹟者，這次有例外嗎？

毫無例外，蹉嘉受當地君臣子民膜拜，懇求他留下。但蹉嘉心內祇有蓮師，他要跟法侶修鍊，然後再回到蓮師身邊，修學大圓滿。

⊙尼泊爾亦是蓮師教化的地方，蹉嘉有沒有遇到同門，跟他們討論佛學？

這時，蹉嘉遇到蓮師的另一法侶釋迦爹娃。釋迦爹娃的父親是尼泊爾國王，皇后產下他後便死去，國王狠心地把年幼的釋迦爹娃遺棄在皇后的墓地。他由猴子撫養長大，奇怪地，釋迦爹娃雙手好像鴨掌般長滿掌蹼，他的身體展示女神的印記。長大後，蓮師在寒林發現他，並成為他的法侶。他亦在修鍊中解脫因恐懼、懷疑和焦慮所帶來的痛苦。

11 蓮師空行　十萬明妃

⊙蓮師的法侶中，那個成就最高？

蓮師的法侶無論十萬個也好，兩個也好，都是一體的，不存在數量的分別和限制。我在康藏地區考察時，發現寧瑪寺廟所供奉的蓮師和他的法侶，主要是曼達拉娃和移喜蹉嘉。

⊙移喜蹉嘉和釋迦爹娃都是修行很高的佛子，他們的學佛心得，各所有長。

移喜蹉嘉傾向於內心覺醒，他向釋迦爹娃說；

奇妙的姊妹啊！
讓我們分享祕密的傳承。
我是西藏女子蹉嘉，
我們的欲求是無止息地從如實的內心生起，
無偏私地滿足一切所需——
這就是西藏女子蹉嘉的寬大。
心是無染地超脫障蔽，
它的方法和形態時常是恰當和正確的——
這就是西藏女子蹉嘉受教養的行為。
心是無偏的，
不向樂、苦或無記，
無論發生甚麼，好與惡，讓它繼續維持——

這就是西藏女子蹉嘉的忍耐。
心是河流，
既不聚集也不摒棄，
努力地淨化，不會從空樂中分割——
這就是西藏女子蹉嘉的精進。
心中一切生起的都是生起和圓滿次第的結合，
如大手印般穩定和集中——
這就是西藏女子蹉嘉的禪修。
心是覺醒的轉動，
以方便法門達致超脱智慧——
這就是西藏女子蹉嘉的妙觀智慧。

釋迦爹娃回應道：

唉瑪伙！

多謝這位師姐。

我並沒有甚麼獨特的教法！

但透過鄔金蓮師的大悲，

我知道面對生和死時需要些甚麼，

生起和圓滿次第、

它們的連合、大手印、

虹光和幻身——我具有所有這些教法；

對我來說，再進入輪迴界投胎或處於中陰是沒有意義的，

這就是尼泊爾釋迦爹娃的特別教法。

我知道死亡和再來需要些甚麼，

我可在中脈裡導引心輪的力量，

我有拙火的修法，能燃燒內裡的明點；

我無懼死亡或意識的中斷，

這就是尼泊爾釋迦爹娃的特別教法。
我知道如何透過五毒得到解脫，
端賴善巧的方便和妙觀智慧的精髓，
我修習開放和勝樂，
我有生起智慧和四喜的教法；
縱然五毒全部生起，
我也能超脫恐懼，
這就是尼泊爾釋迦爹娃的特別教法。
我知道如何面對昏睡和無明，
依賴大圓滿，我生起夢瑜伽，
我有進入淨光的教法；
縱然整個宇宙在黑暗中崩潰，
我也超脫恐懼，
這就是尼泊爾釋迦爹娃的特別教法。

我知道真實的本質需要些甚麼，
依賴教法的六燈，
我生起虹身，到達四深位的教法，
縱然與魔為敵，我也不懼，
這就是尼泊爾釋迦爹娃的教法。
現在，我毋須在因和果道上追尋，
我剎那即能成就圓滿佛果，
這無上勝果實在不可思議。

⊙移喜蹉嘉和釋迦爹娃經蓮師調教而達致如此深厚的證境，蓮師的女弟子眞不俗哩！

蓮師有五個成就很大的女弟子，除了移喜蹉嘉、釋迦爹娃、曼達拉娃外，還有印度的卡拉悉地和不丹的她絺。

卡拉悉地生於印度，父母是紡織工人。母親往生後，父親無力養活他，便將他留在母親的墓地。這時曼達拉娃示現爲一頭雌獅，來到寒林小孩處，慈愛地餵養和教育他。後來蓮師給他灌頂，讓他進入金剛薩埵的壇城。蓮師離開西藏時，卡拉悉地懇求蓮師讓他弘揚蓮師的教法。他一生在尼泊爾和西藏各地埋下伏藏，最後在光芒中入滅。

她絺則生於藏尼邊境。空行令她絺回憶前生來使他得到內心覺醒。移喜蹉嘉遇到他，帶他拜見蓮師；之後，她絺成爲蓮師佛行事業的法侶。在蓮師示現爲忿怒蓮師多傑多勞時，她絺化爲多傑多勞騎著的雌獅。他們一起憤怒地踐踏一切覺悟上的障礙，令衆生從煩惱障和所知障中覺醒及解脫，揭示一切遍滿的佛法道路。此外，經典記載蓮師還有十五個有成就的女弟子。

⊙蹉嘉到尼泊爾找到法侶散尼後，兩人是否回西藏跟蓮師學習密法呢？

蹉嘉和散尼回到藏地，見過蓮師，向蓮師報告這次到尼泊爾找散尼的經過，蓮師很讚賞他以神通救活男童，並提醒他不可傲慢。之後，蓮師為散尼灌頂，使他的成就和蹉嘉一樣。

⊙我總覺得蓮師、蹉嘉和散尼這段關係有點曖昧。

（默然）不要對自己未到達的領域進行批判或否定。蓮師的成就法中，普巴傳承是強項之一，普巴共有五個傳承，其中黑本尊就是由散尼傳承開來的。

12 王臣廿五　學有專長

⊙很久沒有提過赤松德贊王了，他對蓮師的信心有沒有提高？

任何人祇要有恆心，每天不斷修習蓮師的教法，內心必生起覺悟。赤松德贊恰當地修習，亦生起一些重要的覺悟經驗，他對蓮師開始產生堅定的信念，渴求甚深密法。他派遣三名使臣帶著大量黃金往見蓮師，要求蓮師教他深層密法，蓮師答應了，並吩咐使者先行回報，他與法侶蹉嘉，法子散尼稍後回到桑耶。

⊙藏王身邊的權相們多次阻撓赤松德贊王學習佛法，甚至要把蓮師和蹉嘉置諸死地，他們強硬頑固的態度會改變嗎？

那些權相接二連三被蓮師以神通摧破陰謀，因害怕蓮師高不可測的法力，唯有稍作讓步，蓮師可以指導赤松德贊王修行；但對「女弱」的蹉嘉，權相們仍想整治他，迫他離開西藏。

⊙全知全能的蓮師，怎樣解決這個問題？

如意寶上師再以神通來戲弄這班權相。當赤松德贊、蓮師的信衆和群臣到城門恭迎蓮師到桑耶時，各人發現蓮師祇有散尼陪伴在旁，不同以往的是今次蓮師左手抱持著天杖。他們異口同聲地問：「爲甚麼不見了皇后，他現在去了甚麼地方？」蓮師不動聲色進入皇宮，坐上寶座，向王臣唱了這首道歌訓示他們：

唉瑪伙，法皇菩薩，你要諦聽！
這個形態是虛空的本質，
無論出現甚麼都是虛空之主的神奇展現。
女子蹉嘉已進入廣闊虛空裡，
現在他住於輪迴和涅槃之間。
這形態由佛法生起，
佛法中沒有甚麼是不可以展現的，
女子蹉嘉已進入法身界，
他住於普賢王如來之地。
這個形態是開放之樂，
開放神力可成就所有欲求。
女子蹉嘉已到了開放和喜樂的領域，
現在他住於大樂的宮殿，三身裡。

說畢，蓮師手拍天杖，蹉嘉即從虛空中現出，權相在衆人的歡呼聲中沮喪地垂下頭來，他們再一次失敗。

⊙蓮師降伏障礙後，有沒有傳法？

蹉嘉、赤松德贊，毘盧渣拿等弟子齊集青蒲嘉巴修行中心，蓮師打開密乘教法一百二十個壇城，尤其重要的是他把八大修部傳給王臣二十五人，其中：

1. 藏王赤松德贊學北斯容登七個根本教法，主修千促赫魯迦。
2. 南卡寧波，主修恩德赫魯迦，命他在河壩修習。
3. 生支移喜和那南多傑敦炯學習大威德金剛，命他們在壩揚宗修習。
4. 嘉華促揚和渣華羅爵學習馬頭明王，圓滿三根本瑜伽法。命他們在青蒲修習。
5. 毘盧毘渣拿和丁瑪渣孟主修舵殿那波赫魯迦八級修法，命他們在雅瑪隆修習。

6. 嘉華巴支與和珍巴芝汪卓學習瑪摩，蓮師吩咐他們在耶拜巴修習。

7. 移喜忠奴和舒波那巴學習針巴。命他們在尼摩拜米巴修習。

8. 啤爸曼打學習無上大手印悉地成就修習法，命他在布魯修習。

9. 蘭佐公促宗尼和渣華蔣促學習一系列馬頭金剛祕密修法，命他們在耶路生基巴修習。

10. 眞巴南卡和佐賓車仲主修金剛薩埵，要在英知南秀修習。

11. 瑪寧青錯和如札寧波主修長壽瑜伽，左青蒲修習。

12. 巴支星機主修迭杜赫魯迦，在拋秋波尼修習。

13 空行聖地　勵力修行

⊙各大弟子都獲得蓮師的教法，並安排於不同地方修習，那麼移喜蹉嘉被安排到那裡修行？

蓮師安排他在空行中心泰戈洞修行。他在空行洞隱居，眞誠召請寂靜形態的蓮華生，他的身體徹底轉化成本尊。他瞭解到自己的形態和能量，就是空行的壇城；無論行、住、坐、臥，他都自然地成就這個壇城。他體證到自己的生命活動，實在是自己的意念，他體證到自己意念是與上師瑜伽合一。他體證到所有現象都是上師創意展示的加持。當他心裡生起對上師的敬信，他的壇城發放五色的光輝，勇士和空行都在光芒中顯現。

他這樣描述自己的空行壇城：

樹木猶如尖削的剃刀，大地好像由肌肉造成，石山是聳立的骷髏骨，碎骨如小石般四散。

大地中央矗立著一座由三種顱骨——新鮮的、開始腐爛的和完全乾枯的顱骨組成偌大的城堡，城頂由皮覆蓋，門也用皮包裹。城堡周圍千百里都佈滿熾燃烈火，無數的金剛杵在天空交織成一塊廣大帳幕，無數尖銳的武器好像閃電般從天降下。城堡由八大屍陀林圍繞，食肉雀鳥和飲血的動物在地面走動，咆哮著的惡魔與女妖四周皆是。

雖然那裡的眾生沒有襲擊或恐嚇我，但他們也沒有友善的表示。我向上行，繞過一條之字形的小徑，來到了城堡的門口，裡面有眾多空行母，外形如同世間的女人一般，但身體卻有著不同的顏色，他們向著鄔金主母進行獻供。

有些空行母用利刃將自己身體切成小塊，以自己的血肉作供品；有些以滿盈的鮮血；有些以雙眼；有些以鼻子；有些以舌頭；有些以耳朵；有些掏心；有些牽持腸臟；有些把自己的骨髓拿來奉獻！

也有一些以自己的生命；有些以自己的呼吸；有些以自己的頭顱；有些切斷自己的肢體，他們向前面雙身的鄔金主母獻上自己的身體，他們的供品就是信念的象徵。

⊙上師，我修習空行時，察覺修法意念是以身體，如骨髓、血肉作壇城的結構，

不似修持上師時那種重視珍寶宮殿的情懷。

你好好掌握修空行的情調吧！無論壇城、獻供、加持或祈禱，都是「另類」的修習。蹉嘉起初也不習慣空行的供奉形式，滿腹疑惑向那些空行問道：

「你們爲何這樣受苦，究竟爲的是甚麼？一個人至死也依循佛法，不就已經足夠了嗎？」

蹉嘉回憶與空行們的對話，這次對話徹底改變他對奉獻的看法：

猶豫不決的女子！
具德的大悲上師可能祇短暫出現，
在他垂顧時，你不將他想的奉獻給他，
之後你如何也不能達致圓滿；
如果你還拖延，障礙將倍增。

你的勝解和證悟祇能維持刹那，
自然和頓時的信念不會長久，
當智慧生起而不作獻供，
之後你如何努力也不能達致圓滿；
如你還拖延，障礙將倍增。
至少你現在投生為人，可惜壽命不會長久，
修行佛法的機會並不多見，
當你遇到具德上師卻不作供養，
如你還拖延，障礙將倍增。
你的上師祇會短暫留在此處，
祇有現在你才有機緣進入祕密教法之門，
若你接受無上佛法時不奉獻自己，
如你還拖延，障礙將倍增。

⊙**蹉嘉聽了一定覺得十分羞愧**。

對，當人懂得「捨」，他才有得著。當空行母獻上供品時，金剛瑜伽母出現在他們面前，一彈指，剎那全部傷患即已復完，與前無異，空行母向鄔金主母懇求教法後，各自回到自己靜修的地方，每天修行十二座。

⊙**原來空行母們對修法這樣認眞，難怪空行是密乘其中皈依對象**。

蹉嘉經這次教訓後，向蓮師懇求像空行母般的修行。蓮師向他教示說：

你所見到的不過是象徵性的經驗，
你現在毋須奉獻血肉骨髓來進行這樣艱苦的修行，
祇要跟隨我的訓示。

女神化身移喜蹉嘉請諦聽！
集中精神，不要分散，
你要追尋黃金樹般珍貴的人身，
假如你你明白如何利用它，
你將永遠具有糧食，
否則，縱然一日一麻米也不可得，
不瞭解它，你將饑餓至死。
你依承諾誓句而行，
一切將變得美好。
以草、甘露和礦物為靈藥，
以空氣為食物，
就就是「食」的訓練。
穿單衣，戴骨飾，
然後赤裸地，

倚賴拙火的呼吸，
這就是「衣」的訓練。
修習迎請、成就法、法行、密咒、
能量流動和沈默——放棄空談，
這就是「語」的訓練。
頂禮和周行，
淨化你的身體，
和以蓮花的姿勢保持寧靜和安住，
這就是「身」的訓練。
修習生命力、樂和開放，
生起圓滿次第——
統合它們來禪修，
這就是「意」意訓練。

緊依佛陀教法，守衛教義，
行善巧方便——教、辯和寫，
這就是「教」的訓練。
利他、仁愛，
依止大乘無量慈悲的精神，
不要祇顧自己的生存，
這是「利他」的訓練。
視你的仇敵如自己兒子——
視黃金如泥土，
愛他人更甚於自己，
這就是「大悲」的訓練。
如你這樣修行佛法，
你將圓滿最勝大樂。
女神的化身，

你要好好思量和實踐它！

蹉嘉聽了很高興，他做了三次發誓的手印，嚴正誓言修習食、衣、語、身、意、教、利他、大悲八種訓練。

⊙蹉嘉如何依次修習這八大訓練？

蓮師訓誨蹉嘉後，帶同散尼離開泰戈洞，留下蹉嘉一人。他獨個兒爬上泰戈山頂，在海拔四千多公尺的冰川山坡間的岩洞，祇穿著一件棉衣，單獨修行。

最初，他體內並沒有升起拙火，外面咆哮冰冷的寒風，捲雜著大雪；整片大地被銀冰封蓋。冰天雪地下，唯有蹉嘉一人，他全身長滿凍瘡，蝕骨的痛楚，實在難以支持；瀕近死亡的他，依然死守誓句，決心繼續下去！

他心中觀想蓮師，向他祈請幫助自己燃起拙火。在他祈求時，業力開始輕微轉變，這少許改變已可使拙火的熱量生起。他再誠意向蓮師懇請：

當具德上師授予密乘的教法和精髓給我，
我感到金剛薩埵的明澈智慧，
內心四喜舞動著，
然後一位穿白衣的空行，由我內心生起，
帶給我殊勝温暖和喜樂，
我現在其樂無窮！
請繼續展示你的仁慈！

頃刻間，鄔金蓮師化成赫魯迦形態，給蹉嘉一杯骷髏赤露後便消失了。

⊙這個祕視是否意味著蹉嘉已成功完成「衣」的訓練？

修鍊沒有停止，蹉嘉深一步進行衣的訓練。他脫去棉衣，戴上骨飾，開始深層的修行。這時他上泰戈山頂已近一年，食物耗盡，他祇靠喝水和吃礦物維生。苦行的結果，使自己色身日益羼弱，再次面臨死亡的他祇有祈請上師、本尊，他說：

由始我已將身體交給上師，
無論發生甚麼事情，是苦是樂，
喇嘛知！
由始我已將話語交給純淨佛法，
無論我的呼吸繼續與否，
喇嘛知！
由始我已將心意導向善行，

無論善與惡，
喇嘛知！
由始我的身體已是本尊的城堡，
無論他居住與否，
喇嘛知！
由始我的形態和能量就是空行的通道，
無論他進入這路與否，
喇嘛知！
由始我的生命力就是如來的精髓，
我能渡過苦難或轉動法輪嗎？
我目睹衆生──那些是我輪迴中的母親，
困惑地無止息的流蕩迷失，
你的女兒，我蹉嘉，
找著輪迴抑或涅槃皆由你決定。

祈請完畢，一位紅色赤裸的女神出現在蹉嘉面前，將他的巴嘎蓮花放在蹉嘉口中，血液由巴嘎流出，蹉嘉深深的吸吮著。蹉嘉整個身體充滿喜樂，如奮獅般的力量返回蹉嘉身體，蹉嘉經驗到徹底出世的禪定。

⊙一次又一次的瀕近死亡，一次又一次獲得上師本尊的加持，蹉嘉在靈性修行路上再升進一步。

現在，蹉嘉進行「食」的訓練，赤裸坐著的他，純粹依靠空氣作爲食物，滋養自己生命。依據蹉嘉的回憶，修行初期，喜樂隨著呼吸而至，並有各種淨相出現，智慧無礙地生起。

祇要蹉嘉生起疑慮，他的呼吸即變得不定，甚至無法控制。喉嚨乾涸，反胃令他不適。他又瀕近死亡。

他再次向大悲蓮華生祈請，蓮華生出現在耀眼的光芒中，告訴蹉嘉要忍耐這些肉體的折磨，痛苦是過去的業障造成。提醒蹉嘉要忠誠奉獻和善行，並吩咐蹉嘉可從植物中抽取汁液，回復體力。

⊙「身」的訓練應當告一段落，蹉嘉怎樣進行「語」的訓練？

首先，他不斷祈求淨化語的無明；開始時，他念誦百字明，跟著是大悲觀音、金剛手和文殊的咒語，他修習了很長時間，日以繼夜，從未停止唱頌。

最後他唱頌《心經》，他的行爲恰如戒律所訂，他開始修習長壽佛法，使自己心智更敏銳，他完全掌握阿毘達磨的邏輯，爲自己以後利益衆生做好準備。

蹉嘉修習大瑜伽續八大赫魯迦法，打開八大赫魯迦的壇城，直至自己清楚看到所有本尊的容貌，才簡修習圓滿。這時的蹉嘉與本尊不再是分開的個體，而是合一。他手結定印，跏趺蓮花坐，就有無數不同本尊出現在他面前，光芒照耀著他，吉祥徵兆也一一出現，本尊預言他將得到神聖三摩地和八大成就。他徹底控制形態、能量和生命力，成爲一代偉大的成就者。

⊙上師，你覺得移喜蹉嘉的成功因素是甚麼？

一個密乘修行者的成功，全因爲上師的大悲和自己對上師的信心。移喜蹉嘉得到成就後，即唱道歌來表達自己對上師蓮華生的敬信：

奇妙的上師，蓮華生，我致敬禮，
上師，你令這堆細微塵土積累成群山之王！
我就是須彌山。
現在，是我幫助別人的時候——
來，梵天請支持我：
或許，有些住在深淵中沒有這種業力，
但是，偉大的護法神，
和所有住在天界的神靈，

將找到快樂，滿足和喜樂！
上師，你令落在海洋中的每一水滴變成七大湖，
我就是這海洋！
現在，是我幫助別人的時候——
來，幸福善行者請來幫助我；
或許，有些泥沼中的魚蛙沒有這種業力，
但是，八大龍和住在龍宮的，
將找到快樂，滿足和喜樂！
上師，你將無盡的德行教予自始積累功德的仙人，
我是其中一位具力仙人！
現在，是我幫助別人的時候——
來，天人和法皇請來支持我；
或者有些住在蠻荒的衆生沒有這種業力，
但聲聞和住於這領域的，

將找到快樂，滿足和喜樂！
上師，你很早已累積善行業因轉化為人身，
我就是這女子！
現在，是我幫助別人的時候，
來，幸運的孩子，做我的支持者；
或許有些邪見和惡行的人，不能追隨佛法，
但前些具信者，
將找到快樂，滿足和喜樂！

⊙聽說大成就者證悟時，魔祟都會來擾亂，蹉嘉有否例外？

移喜蹉嘉繼續在洞穴內修行，沒說話，不移動，雙跏趺坐著，眼神從不分散。

當地地神和魔祟忍受不了他的光芒和力量，紛紛以寂靜或憤怒相出現他面前。他們現出食物、衣服、馬匹，甚至大象、所有世間財物，蹉嘉運用禪定力量將魔祟全部鎮伏，有些消失，有些變成石頭。

魔祟又現出一群年青俊朗的男子，用著各種聲音、體態來誘惑他，蹉嘉以禪定力量將他們克服，有些消失，有些變成黑屍，有些變得衰老，有些變成殘廢；最後，魔祟敗退了。

接著，最憤怒的形態出現了，大地也爲之震動，聲音如千百雷電怒響，閃電劃破漆黑長空；白光閃動，紅光飛舞，黃光盤旋，藍光凝聚，暈眩的光芒令人難以抵受。無數鋒利的武器，矛、匕首等從天而降，他暗想縱然被斬成數塊以至死亡又有何懼，它們即突然消失得無影無踪。

數日後，各種凶猛野獸群出現，咆吼怒叫著慢慢步入岩洞，包圍蹉嘉，饑餓地張開大口，蹉嘉深深感到這些畜牲是如何執著自己的身體，對牠們生起大悲，牠們又告消失。

過了數天，整個洞穴充滿著各種蛇蝎、蜘蛛、蚯蚓，有些甚至爬進他的口鼻，但蹉嘉卻毫不顫抖，心中祇生起悲念，牠們愈來愈恐怖、憤怒。蹉嘉這樣冷靜地冥想：

多次我都誓言不執著身、語、意，所有這些衆生，繼續出現增加，這都是業力而來，我為何對這些奇妙的展現感到可怕？我必須記著這些活動都是善和惡的結果。無論出現甚麽，是好的壞的，都要認識它是思想活動的二分，應不予理會。

他又記想蓮師的慈愛，跟著觀想：

所有現象不過是意念的展現。在無垠虛空中我看不到甚麽值得懼怕，這些必定是自身生起的光輝，除此之外，還有其他嗎？所有這些活動不過是我們存在的裝飾，我還是安住在禪定的沉默中吧！

於是，蹉嘉即進入徹底寧靜禪定狀態，所有現象都沉落了。

蹉嘉內心覺醒出現，他感到永不枯萎的信心生起，他唱出如下的道歌：

唉瑪伙！
我達致體證的次第——
體證法身，
偉大的覺悟之母，
十圓滿的精髓。
以最深的妙觀智慧，
我無懼現象的出現。
無論生起甚麼都是法身神奇的遊戲，
這些展現都是上師的大悲，
激發更多的創造！

唉瑪伙！
我已達致體證的次第——
一切最美好，上師的體證，
觀、修和果的精髓。
無論生起甚麼也頓然展現，
我毋懼割裂的概念。
一切生起的都是認知的遊戲，
散漫的念頭都是上師的大悲，
激發更多的創造！
唉瑪伙！
我已達致體證的次第——
蓮華生大師的體證，
奧妙、深遠的阿底瑜伽的精髓，
透過自心無瑕的活動，

我住於清淨。
染污和清淨都是真實自身神奇的遊戲，
一切觀法都是上師的大悲，
激發更多的創造！
唉瑪伙！
我已達致圓滿之地——
女子蹉嘉的修行，
無上密乘的精髓。
喜悅和痛苦同於一味，
我為何還選擇好或惡，
排斥這些或那些經驗，
所有現象都是上師的大悲，
激發更多的創造！

14 密法成就　諸天護持

⊙蹉嘉眞了不起，面對虛幻魔祟的侵擾仍不動搖自己的誓句？

蹉嘉不單要平伏自己的心魔，更要平息不丹人的誤會。在蹉嘉證悟的同時，大群天和阿修羅在不丹上空戰鬥，使不丹的天空萬里漆黑，還發生閃電、落雹、暴雨、疾病，暴亂與不安瀰漫整片大地，各人將仇恨發洩在蹉嘉身上，認爲痛苦不幸全由這西藏女子帶來！成千上萬的不丹人圍著山洞，有的用箭射他；用矛刺他；用刀捅他；無論這些暴民怎樣做，卻不能損傷他分毫，他仍然跏趺坐在洞穴，群衆最後無奈地散去。

⊙那些不丹人眞不講理，而天與阿修羅爲何不守護移喜蹉嘉的修行，反而爲他增添不便？

以慈愛和寬容對待每一人，最終都可達致和平、圓滿。蹉嘉證悟後，天、龍、阿修羅和地神呼喚蹉嘉，獻上他們的生命，尤其是曾擾亂蹉嘉證悟的精靈、地祇和龍神，他們承諾支持佛教和替蹉嘉趕走所有敵人。天和阿修羅都成爲蹉嘉的護法。

⊙人呢？不丹人有沒有再找蹉嘉麻煩？

因爲不丹國公主對蹉嘉生起信心，所有曾想傷害蹉嘉的不丹男女都走來求他寬恕。這位不丹公主就是她絺，他具有空行母的印記，蹉嘉得到不丹國王同意，帶同她絺回西藏修行。

⊙當蹉嘉回到蓮師處，報告自己的修行成績，蓮師有甚麼表示？

蹉嘉回到蓮師身邊，蓮師很高興，蹉嘉修行的成就，得到蓮師的印可。蓮師對他進行授記；他下次化身成爲瑪姬瑙準，傳授「斷」法，令衆生得安穩；散尼和她絺，則分別轉世成爲法侶東巴和女兒梗鈴。

⊙現代世間有蓮師和蹉嘉的化身嗎？

蓮師與他的法侶現在處於蓮華光光明報身，永不分離。

⊙我聽過上師說修長壽佛必要與普巴共修，這是甚麼道理？

這是蓮華生大師的教法，蓮師認爲修長壽瑜伽就如船上的船長，普巴猶如護衛。此外修長壽瑜伽必須先除障，普巴成就法除障功能強。蓮師還告訴蹉嘉，他的本尊就是普巴赫魯迦。

⊙蹉嘉有沒有找到共修的法侶？

蹉嘉依蓮師的吩咐到「北」地找到那男孩，並給他法名「天神預言的獅子」。在法緣成熟，蓮師便和弟子們一起修習普巴壇城。經過七天，蓮師和弟子七人打開七十八個普巴壇城，圓滿所有印記，觀看所有普巴本尊，他們所用的金剛橛飛騰空中滑翔，有火焰圍繞，並發放香氣。

傍晚時分，奇蹟出現，蓮師化現成多傑多勞，蹉嘉示現爲誒嘉查直，她絺化成女獅。蓮師和蹉嘉坐在女獅之上，進入普巴金剛三摩地，蓮師右手揮舞九股金剛杵，左手旋動銅橛，他憤怒的身體化現無數變身，藍黑色飛到不丹、尼泊爾、印度，統率天龍八部，令他們立誓效命；黑啡色飛到漢地，令漢地天龍八部獻上性命，立誓侍奉佛教。

15 法皇違誓　禍延密子

⊙既然漢藏和印度的天龍八部經蓮師調伏全皈命佛敎，爲甚麼修行人生活仍然艱苦和佈滿障礙？

這都是赤松德贊王錯用悲心惹來的禍。那時住在孟拿沙魯窩大湖的毒龍，化身一頭紅牛，來到赤松德贊王跟前，乞求皈依。牠手足被鐵鏈繫鎖，骨縫滲出血髓，舌頭捲起，眼球凸出。赤松德贊王問他緣何弄得如斯境況？紅牛可憐地答道：

「那蠻夷蓮華生，正在摧毀藏地天神和人民，折磨無辜的妖魔；偉大的法皇，請你收容我吧！」

赤松德贊王對紅牛很是憐憫：

「你以後就留在這裡吧！」說時，紅牛即告消失，赤松德贊正感奇怪之際，蓮師的聲音響徹空中：

偉大的法皇，你錯用你的悲心，
你將來的投生和傳承將被染污，
成就裡會夾雜障礙。
雖然部分後人依止佛法，
但他們都會短壽和被惡劣情況所圍困。
從你現在起三代，
紅牛將示現名為「恭」的國皇，
他殺害親兄弟，

訂立惡毒的法律和歪劣的行為，
經續和密續差不多全被摧毀，
甚至名字也不可聽聞。
這是業報，
沒有方法可阻止。

⊙原來以後朗特瑪贊普滅佛和密乘修行人遇到的魔障都是赤松德贊糊塗所致，怪不得上師常告誡我們要保持頭腦清醒，不要濫用「慈悲」。那麼，密乘修行人豈不永遠被這「紅牛」惡魔摧殘，永不翻身！

「紅牛」爲禍密乘修行人，這都是我們覺悟能力不夠，假使我們遇上障礙，能以堅定的信念和透徹的覺醒來處理問題，即使紅牛就在跟前，也不能損害我們分毫。何況，蓮師亦命弟子巴機多傑鎮壓這「紅牛」，以後密乘修行人遭遇障礙，祇要好像巴機多傑一樣，修習普巴，便可排除艱苦、困難。

⊙蹉嘉修行成就最後階段就是修習普巴和長壽瑜伽嗎？

是。與此同時，佛教在藏地已確立起來，苯教亦已受控制，蓮師為保全教法免受赤松德贊第三代子孫滅佛所貽害，命蹉嘉把密法伏藏起來。

16 世紀之戰 佛日永輝

⊙聽說苯教是藏地的原始宗教，跟佛教水火不容，請上師開示苯教與佛教最主要的分別！

慈悲戒殺，佛教最大的內涵就是這點，與苯教的分別亦是這點。苯教喜歡殺野驢，母鹿來祭祀。苯教祭祀儀式進行時，左右兩旁站立健碩的祭祀助手；中央站著九位苯教教士；還有手持大金杓的「沐浴者」；他們用水清洗獻祭祭牲。儀式開始，先由「黑苯波」向天空拋灑各種穀物，然後「參與祭祀」的王臣或貴族向四周的神祇發問和聆聽苯教精靈的回覆。

接著，健碩的「祭祀助手」割斷繫著綠松石轠繩的雄鹿和野驢的喉嚨，宰殺雄性的犛牛、綿羊和山羊，首次祭獻三千隻雄性動物。然後「祭祀助手」捉著雌鹿，先斬去牠們的腳，活生生地剝去牠們的皮來祭祀。其他的「黑苯波」教士，有的負責將骨和肉分開；有的將剩餘部分散各處；有的負責數數；有的用壺皿盛載血液；有的把屍肉如山般堆起。他們誦唱苯教儀軌，血液中升起煙霧，煙霧中見到很多奇怪的虹光和聽到無數精靈的聲音。黑苯波教士稱這些聲音是幸福之音、繁榮之聲，會爲參加祭祀的人帶來好運。

⊙殺牲來祭祀會令善神喜歡嗎？

殺生是惡行，善神自己不會做，更不會欣賞。殺牲祭祀是人類最愚癡的行爲，祇會增加自己的惡業，帶來噩運。苯波教以殺生來祭祀，無疑是將自己送往死絕之路。

⊙佛教和苯教教義精神歧異，一個是本土廿木孳生，但違反正義；一個是外來宗教，卻擁有眞理，作爲西藏領袖的赤松德贊怎樣取捨？

最初，赤松德贊是希望雙方妥協和平衡發展，但兩教根本勢同水火，不能共存。雄圖偉略的赤松德贊王，於是安排了一次比試，就教義進行辯論；就證悟程度進行法力的比拚。他頒下法令：

聽著！我是整片藏地的主人；藏人全在我管轄之下，宰相、皇后和貴族聽著我所說的話！

往昔，西藏的國君同時支持佛和苯，自此，佛、苯同時傳播。我自己，好像先人松贊干布，希望佛、苯共存，但它們卻如水火一樣，不能相容。我試圖令它們平等，但卻白費，現在是我們必須抉擇的時刻。

無論結果怎樣，我們必須接受。我頒下詔令，無論那一教義是假——佛教或苯教，也必須被禁止，它的名字不可再在藏地聽聞。失敗者必須接受失敗，勝利者將被讚頌，我們全皆追隨它。

赤松德贊王安排於農曆新年的十五日，地點選在桑耶大山的平原，進行佛教和苯波教的辯論比試。

佛教的代表是蓮師、布瑪拉米札和成就者靜命，蓮師的二十五弟子和譯師也代表佛教出席。

苯教九位大導師和多個苯波的巫師領袖聯手展開對抗。

蓮師顯現神力，身體升於十丈高的虛空，他向班智達和徒弟訓示：「好好的聽著啊！這是分辨佛教和苯教教義的難得機會。」蓮師開示取勝的策略：

先以一輪輕快的辯論揭開比試的序幕；接著是開導和解釋，我們將倒轉他們，最後我們才討論體系、檢視基本哲理和修證的涵義。我們要釐清甚麼是真和甚麼是假，測試方便、智慧和力量，直至國皇和宰相們確信。

蓮師下座時，他的身體是釋迦牟尼佛的形像，國皇和宰相都被他的莊嚴丰姿征服；他的話語仍是蓮師，班智達之主，所有班智達和譯師都充滿信心；他的意念是多傑多勞，謬誤的征服者，縱使苯波也感到他那股震懾人心的力量，生起深深的敬仰，並向蓮師頌讚。

⊙這應該是一場「世紀之戰」，這次辯論決定了誰人擁有眞理，以至佛教的傳播能否再跨進一步，踏入雪域，在中亞紮穩根基，佛教方面勢必嚴陣以待。

不錯，正如布瑪拉米札與赤松德贊分析辯論勝算時，他說現在齊集此地的佛教高人異士的數目，遠比印度的菩提伽耶還多，證明了佛教有決心、有部署地向西藏弘法。

比賽由阿闍黎拋登和苯波進行急智比試作序幕，這輪苯波勝利，他們揮舞旗幟和向神靈叫喊，他們得到赤松德贊王賜酒，他們的頭腦給自我勝利沖昏。

第二輪比試是辯論，首先由佛教大班智達布瑪拉米札和九位苯波大導師進行辯論。大智布瑪拉米札說：

所有事物皆由因緣而來，世尊已經闡明輪迴原因，如來也解說了止息它的方法。

這些是嚴格修行者的說話：

停止作惡，圓滿一切善行。

徹底訓練自己的意念。

當布瑪拉米札說話時，他升到半空，雙跏趺坐在自身放光的光環中。彈指三次，九位苯波導師竟被嚇得目瞪口呆。跟著蓮師二十五弟子和一百零八位譯師，各自解釋對經文的瞭解，展現自己的體證，苯波全都張口結舌，他們對於眞理的辯論，祇有呆坐不動，無言以對。

赤松德贊向每位大班智達獻上黃金、絲綢布疋；佛教的旗幟四周飄揚，和風吹奏音樂，花雨從天而降，本尊神祇在空中出現，喜悅歌唱。藏民對佛法生起大信念，甚至感動流淚。

然後由譯師跟苯波辯論，由毘盧渣拿對苯波呑拿，南卡寧波對宋揚。每次辯論完結，赤松德贊王都會給予勝利者一粒白色「眞理」之石，失敗者一粒黑石。

當毘盧渣拿累積了九百粒白石，呑拿則有一千零五粒黑石；當南卡寧波得到三千粒白石，宋揚得到三千粒黑石，譯師又再次舞動勝利的旗幟。

佛教的譯師大獲全勝，苯波連場挫敗，九位苯波大宗師嚇得膽顫心驚、口震、冒汗、雙腿顫抖。

最後是神通的比賽。蓮師二十五弟子各顯神通：

南卡寧波騎在日光之上；
生支移喜以普巴將巨石碎為小塊；
嘉華促揚在頭頂現出馬頭；
竹菁巴支生機到三惡趣解脫非人；
毘盧渣拿把三界握在手中；
嗹爸曼打住三摩地；
如札寧波以無上智慧運用邏輯駁倒外道；
也青移喜忠奴在岩石中取甘露；
那南多傑敦炯在空中如風而行；
巴美移喜汪波飛越空行剎土；

舒波那巴能馴伏虎豹野獸；
那南移喜能在空中如鳥飛行；
卡青巴支旺竹以普巴降伏敵人；
丁瑪渣孟顯示超凡記憶力，連日不斷無誤地背誦顯、密經典；
師蒲巴支星機能令河水倒流
嘉華巴支有他心通、天眼通、宿命通；
佐賓車仲施手印可捉著飛鳥；
真巴南卡以手印將沙漠野牛馴服；
和珍巴芝汪卓入水如魚而游；
羅真嫣托仁增將石化為甘露而食；
巴機多傑能穿過巖谷；
蘭佐公促宗尼以雷電金剛杵為武器擊敗敵人；
嘉華蔣促能於空中跏趺而坐。

藏人全部信仰佛法，苯波的權相怒極而不發一言。

17 蹉嘉神力　折服苯波

⊙苯波教既然三比二輸了，他們心悅誠服罷！

苯波教內心祇懷有忿恨，所以他們永不能掌握眞理。他們執著自我，當自尊受損，他們祇盤算著報復、毀滅，以瞋恨來摧毀自己和敵人。

蹉嘉和苯波的辯論掀起佛、苯之爭的高潮，苯波失敗後便投擲殺人咒語，惡毒的黑色魔咒以黃鼠狼肉、狗肉、油燈和血來施法，他們共放了九個毒咒，使得九位年青僧人突然死亡，卻因蹉嘉的加持使得僧人復活過來，施法的苯波僧人受到懲罰，蹉嘉以期克印及發第九聲「呸」時，他們即不省人事。

苯波嚐著損兵折將的苦果，又不甘心失敗，竟跑上夏坡里山向桑耶寺施放電雹，蹉嘉為了保護桑耶，以法力把一切毒害轉到苯波陣地甕布，在該地造成極大的損害。

再三的失敗令苯波更趨瘋狂，信奉苯波的權相煽動憤怒仇恨。九位苯波大導師以鎮教之咒來毀滅整個西藏，赤松德贊非常害怕，要求蓮師出手相助，蓮師祇輕輕向蹉嘉說：「你保護國王吧！」蹉嘉領會蓮師密意，走到桑耶最高的山頭入定，打開和修習普巴金剛，修習七天，生起無數普巴本尊，調動宇內大能，以彼之道，還施彼身，苯波的毒咒全部應於自身，苯波的神靈親手擊殺苯波九大導師其中八位，還包括苯波的權相。苯波教至此徹底瓦解。

⊙上師，我聽聞密乘有一派叫「黑教」，是佛教和苯波結合而產生的派系。

沒錯，苯波瓦解後，赤松德贊在桑耶結集殘餘的苯教徒，頑固的苯波教徒則被放逐蒙古，焚燒所的經文；溫和的苯波教徒則結合佛法，演變成以後的黑教。

由於赤松德贊王的請求，蓮師、布瑪拉米札和靜命答允留在藏地，揚傳佛教。佛教在西藏大盛。

⊙蹉嘉作爲皇后，又是傳揚佛法的中流砥柱；政和教之間，他如何取捨？

世間的歸於世間，大成就者本身是出離於俗世，祇不過作爲佛陀的追隨者要回到現實展開救濟的承擔。蹉嘉選擇了「上求佛道，下化衆生」弘揚佛教之路，他逐漸淡出「皇后」的形像。

18 弘法利生 遐邇名揚

⊙赤松德贊王對這般美麗、智慧的王妃沒有絲毫眷戀嗎？

作爲統治者，赤松德贊王專心於國運的興隆、國土的拓展；作爲佛陀的追隨者，他早已放棄對色欲的追求。當赤松德贊王雄圖霸業如願時，蓮師離開西藏，四處弘法。不久赤松德贊把王位傳給兒子木尼贊普，自己則專心修行，得證解脫，肉身併合於光芒中，入於文殊心間，從此再不出現。王位輾轉傳到赤松德贊另一子賽那累，黑教皇后洛魯芭弄權，計畫毒殺蹉嘉。

⊙蹉嘉「媳婦」洛魯芭的陰謀得逞嗎？

洛魯芭向蹉嘉獻上毒酒，雖然蹉嘉心中清楚那是毒酒，但他仍然喝下去，然後向洛魯芭說：

親愛的朋友請聽著！
這甘露是美好的，
是一切善美的精華，
我的身體是金剛身，不被污染和摧破，
它把這甘露化為無死的精華。
雖然這不能滿足你的目標。
但我也將它化作偉大的成就。
我沒有生起嫉妒，

我已除去佛教信徒和苯波之間的爭端，
你應向天神祈請，
對師兄弟生起清淨的動機，
對無助者展示悲憫，
對上師誠懇奉獻。

蹉嘉整個身體充滿虹光，光芒轉動直至髮尖，他轉成金剛精髓。洛魯芭陰謀未遂，竟仍死心不惜運用政治壓力迫使蹉嘉離開西藏，到尼泊爾過流亡生活。

⊙蹉嘉這時沒有蓮師和赤松德贊王的保護，遭遇是否很顛沛漂泊。

他心靈未嘗一刻與上師分離，伴隨他有三百弟子一起修行，其中三十九位展現體證神通，二十位成為佛門宗師，七位跟蹉嘉一樣成為大成就者。

另外，蹉嘉在渥泊龍壟至森波澗時曾化度七個強盜，並使他們即身成爲鄔金國土的空行。蹉嘉以四喜來教化他們：

南無古魯啤瑪悉地哈！
今天，兒子你們可得遇母親——
這全是以前你們所積下的福德，
此時正是四灌的好時機。
兒子，你要留心聽著，
我將帶你穿過四喜。
凝注母親的壇城，
你將清楚見到貪求的生起，
並從瓶灌中獲得信心。
深思你自己貪求的純淨本質——
與生起次第的本尊不可分割地併合。

全皆化成神祇和本尊，
我兒，修習自己的貪念為本尊的示現，
進入母親壇城的虛空；
大樂從根本生起。
平息瞋心，用愛心取代它，
從密灌而獲得力量。
探究喜的純淨本質——
將喜樂與呼吸併合，並讓它們流轉。
這樣不會從大手印中退回，
我兒，探究大手印之樂。
進入母親大樂的虛空，
讓你的活力充滿自己的生活，
你我的心與意將併合，
從智慧灌頂得到加持，

守持大樂穩定的純淨本質——
與大樂併合，它是開放的，
不會從金剛大樂和開展中退還，
我兒，探究無上喜悅之樂。
進入母親大樂的根本，
將二元的「二」化成覺悟意念的「一」，
停止劃分自我和他
從創造性灌頂中得到妙觀察智，
守持它的展現於現象世界，
將主宰的欲望與展現併合，
不會從大圓滿中退還，
我兒，探究超越無生的喜悅。
我些教示尤其殊勝，

因我們的邂逅而帶來這奇妙解脫，
如閃電般的刹那，
你獲得四灌，
體證四喜而達致成熟。

七個強盜達致成熟和解脫，生起控制氣脈的力量，成爲四喜的大導師。

⊙蹉嘉度化衆生不分貴賤賢愚，祇看因緣成熟與否，使無惡不作的強盜即時解脫，眞是不可思議！

蹉嘉訓練這七個強盜後，便到尼泊爾度化衆生，期間他收了一個女弟子——卡拿悉地，這人獲得偉大的密乘成就，成爲孟都鋸空行傳承的大成就者。

⊙蹉嘉有機會重回故鄉藏地弘法嗎？

賽那累親政後，就如他父王赤松德贊一樣，推行佛法。他派人請蹉嘉回到桑耶，沿途路上人民仍未忘記蹉嘉，他受到禮拜和接受獻供。他回到桑耶，賽那累的群臣、民衆舉行盛大的歡迎儀式。物是人非，蹉嘉懷念他的上師蓮華生、大班智達布瑪拉米札，他們很久沒有見面；與他並肩作戰，降伏諸魔的大德靜命在蹉嘉被逐離西藏時圓寂了。他回到桑耶後，第一件事便帶備黃金、哈達到他的墓塔前憑弔：

卡瑪卡哭，
偉大聖潔的導師！
雖然天空廣闊滿佈繁星，
假如沒有火馬太陽，
誰可照亮黑暗？

現在無染純淨的壇城已離去，
誰可照亮藏地的黑暗？
沒有你大悲的光輝保護，
誰人帶領我們？
誰人如瞎子？
雖然我們擁有皇族財庫，
若然如意寶離去，
誰人賜予滿足我們的欲求？
誰人照亮這餓鬼地域的藏土？
診貴的如意寶，你在何處呢？
珍貴的寶庫，你能滿足我們的祈求，
假若你不繼續幫助我們，誰又會呢？
我們就好像不能站立的跛子，誰可幫助我們呢！
雖然三千大千世界佈滿大德，

若果無人轉動法輪，
誰會保護我們呢？
在這蠻夷的西藏，我們可以在那兒皈依？
轉動法輪者、最勝者、主，你往何方？
假若你不繼續以佛法保護我們，
讓我們皈依，
我們是愚笨和無心者！
雖然這世界有很多成就者和學者，
但沒有偉大如你的導師，
我們如何掌握教法？
最出色的佛陀繼承者，你往何方？
假若你不繼續用經續來保護我們，
誰會留下保護我們，

我們好像死屍一樣，沒有生命和思想。
卡瑪卡哭！
最勝者、和平之主，
透過你的大悲使我及各地眾生得以進入教法之門。
透過經、密佛法，
我們得到成熟和解脫，
透過布施、愛語、利行和同事，
我們能夠利益眾生。
父啊！當我圓滿所有菩薩的大行，
願我成為教法的帶領者，
願教法的勝幢高舉！
願所有眾生登上教法之舟，
橫渡輪迴苦海！
願我達致體證和成為眾生的導師。

唱畢啓請文後，墓塔頂上傳來聲音；彷佛是大成就者靜命的歌聲：

嗡、阿、吽！

你所作的一切是三世諸佛的佛行，

你利生工作猶如虛空般無休止的擴展，

佛陀的根本和支分教化，

填滿十方，

因為你是諸佛之母，

佛陀教法的守護者，你的佛行遍滿三時。

在墓地的人聽了都十分欣喜。

19 甚深密法 寶地埋藏

⊙經歷多次波折風浪，佛法在藏地的弘揚好像取得一定成就。蓮師以前曾預言赤松德贊王後裔破壞佛教，要蹉嘉埋藏他的教法，又吩咐成就弟子待因緣成熟，把他的教法取出。埋藏伏藏，這是時候嗎？

蹉嘉四處打聽，知道蓮師和主要弟子們在青蒲，蹉嘉便到青蒲找蓮師，和蓮師共同修行十一年。他們一起弘傳教法，蓮師將所有祕密心要、學理、技術性的教示全悉揭示。

因緣成熟，蓮師對蹉嘉說：

我要到雅笠空行洲，在我離開之前，我們須把偉大、甚深和無盡的佛法遍佈藏土。我需要你和卡拿悉地為助手，我將弘傳一些在其他祕密教法從未聽聞的甚深口訣，並為將來埋下寶藏。

蓮師指示他的二十五弟子如何抄錄埋作伏藏的寶庫，弟子們利用多種不同的語言和風格，有些用梵文；有些用空行語言；有些用尼泊爾文；甚至以神力寫於火、水或風中。

蓮師從身、語、意、事業、功德五方面展現神變，他從青蒲穿越高山，到達三個虎穴，埋下伏藏。

首先是位於不丹的巴歌虎穴，他埋下伏藏，祝福加持這片聖地：

無論誰人在這裡修行，因為它是我的「意」地，都會得到大手印悉地。同時我，蓮華生，安住在色究竟天，這些象徵我身、語、意將立刻顯現成多傑多勞、佛塔、六字大明咒，和其他事物。

跟著他們來到安蒲虎穴，他預言以後取藏者的名字，並說：

無論誰人在這裡修行，因這裡是我的「身」地，都會生起長壽成就。同時，我，蓮華生降生於但拿哥沙湖，這些象徵我身、語和意的將剎那顯現——「嗡、阿、吽」三字咒語、嘩魯布普、佛塔和金剛杵。

他又到「甘」地（藏東）的虎穴，埋下伏藏，預言以後取藏者的名字誓言、律儀。並說：

無論誰人在這裡修行，因為這是我的「語」地，將獲得大聲譽的加持，縱然他們破毀誓戒，衹要他們在這裡修行，都能生起大悉地。同時，因我坐在金剛座和轉動法輪，鎮伏魔祟和邪見者，這裡頓時會出現六字大明咒、三字咒、十二因緣咒等。

蓮師和蹉嘉相繼在其他地方埋好伏藏後，便返回西藏。在猴年猴月的初十日，蓮師便要離開西藏前赴西南的雅笠空行洲，蹉嘉則仍安排留在藏地弘揚教法。蓮師離開西藏前赴雅笠的旅途間，帶同蹉嘉來到藏尼間的差椒的祕密修行洞，花了七十三日打開所有大圓滿阿底瑜伽的壇城和進行灌頂，可惜助手對大圓滿的教義充滿疑慮，弄得整個灌頂儀式並不吉祥，影響到以後大圓滿教法在世界傳播時，產生很多的障礙。

20 蓮師終極　大圓滿法

⊙原來很多自以爲是的人，誹謗大圓滿不是蓮師密乘教法，更因此懷疑大圓滿不是佛陀意念，原因之一是蓮師在離開藏地時才開始教授蹉嘉，並爲他灌頂；二是就算有幸接受灌頂，仍因自己質素未夠，內心對大圓滿高深的法充滿疑慮。

這給予我們很重要的啓示。第一、蓮師因應時機說法，在理路上大圓滿應是蓮師對跟隨他最長時間、學習能力最高的弟子所說，這批弟子對密乘的修習已有相當鞏固的基礎。第二、即使修鍊密乘功力深厚，但因自己質素不夠，仍會追不上程度，對甚深的大圓滿教義產生懷疑。正如蓮師作出的預言：

從現在開始，祕密教法將於藏地弘傳，但最後人們將對大乘阿底教法存疑，祕有少數人可從口訣和伏藏傳承中得到解脫。從這些教法中，衆生得到的利益極為有限；雖然它們外表仍是祕密教法，但力量卻已消失。有時，這些教法將可興隆地弘揚，迅速又衰落，這都是儀式有缺陷的後果。

這世界將有一段很長時間不能看到這些教法。

這些教法，沒有善或惡行，沒有貴或賤的投生，沒有生命的出生、成長和衰老——因為這教法直入虛空，那裡，所有實體將已消失。這是難以教授或學習的甚深寶庫，因為這教法剎那即可轉化暫時性的物質身體。

對於你，蹉嘉，我將毫無保留地給予我所有的教法，這教法不是普通世俗的道路，這是令二分意念消失的教法。

從現在開始，你要持續修習阿底瑜伽第一層「促烈孟森」，雖然你仍擁有這物質身體，你將會快速成佛。

跟著以三年時間到溼波和泰戈繼續修行，體驗阿底瑜伽第二層「研怒能恭」。再以三年時間體證阿底瑜伽第三層「歷巴察」。

現在，你要準備所有伏藏和利益衆生的工作，給予特別和技術性的教法。在自修方面，你要練習轉化自己的物質身體，使自己身體達致透明。大約兩百年後，你將再獲人身來利益衆生，我們將在大妙觀察智的雅笠空行洲相遇，你將再無分別地利益衆生和成佛。

⊙這是否蓮師對蹉嘉的預言授記？

對，蓮師離開他疼愛的弟子蹉嘉，至今尚在空行洲教化眾生。

21 乘旭日輝　離袂教示

⊙與上師訣別，蹉嘉有甚麼感受？

蓮師向人間的移喜蹉嘉授記後，便由雲海般眾多的空行簇擁乘光而去。成就者雖不受情緒困擾，但上師對己恩愛之情，此刻分離，蹉嘉情不自禁跪倒上師跟前，絕望哭泣道：

既瑪奇哭！鄔金之主！

現在你在這裡離去，
是否必定有生和死？
生和死可否改變？
既瑪奇哭！鄔金之主！
有一段時間，我們是不可分割的，
現在，我們突然分離，
是否必定有聚和散？
朋友可否永遠相聚？
既瑪奇哭！鄔金之主！
有一段時間，你的加持遍滿藏地；
現在祇留下你的足印。
是否無常必然存在？
怎樣可逆轉業風？
既瑪奇哭！鄔金之主！

有一段時間，藏地得到你教法的保護！
現在祇留下一段故事，
是否改變必然存在？
甚麼可令你留下？
既瑪奇哭！鄔金之主！
直至現在，我和你是不可分割的；
現在你離我往天去，
我這女子患染惡業；
誰可給我灌頂和加持？
既瑪奇哭！鄔金之主！
雖然你給予我無數甚深教法，
現在你進入無死虛空。
這女子悲慘沮喪，
誰可在現時清除障礙？

既瑪奇哭！鄔金之主！
現在，懇求你給予我承諾，
永遠以大悲垂顧我，
永遠以祝福的眼睛垂注大地。

唱畢，蹉嘉向上師敬上十三手把的黃金和念誦他的心咒，蓮師踏在光芒上回答道：

既瑪，聽著，善女人！
蓮華生是前往壓服羅刹，
佛行是圓滿、具力和進取的，
絕不是世俗衆生的膚淺。
假若你恐怕生和死，
請緊靠佛法，

修習生起和圓滿次第，
將氣和脈納於你控制之下，
這就是逆轉生和死的法門。
既瑪，聽著，具信和善良的女子，
蓮華生是前往利益衆生，
不偏的大悲遍滿一切事物，
不像世俗衆生狂惑混亂。
修行上師瑜伽作為你不可分割的朋友——
任何生起的事物都是上師純淨的示現，
這是最好的教法，
聚和散並不存在。
既瑪，聽著，難以抗拒的女子！
蓮華生是前往教導和訓練他人，
這無上願力和金剛身體摧破壞滅，

不像追逐眾生的惡業，
整片藏地佈滿我的兒子，我成就的弟子。
修習大手印來觀看無常，
因輪迴和涅槃是固有地存在——
沒有更佳逆轉業風的法門。
既瑪！聽著，具信念的年輕女子！
蓮師將前往蠻夷之地轉動法輪，
這不變的無上金剛身，
不像眾生這病患痛苦的身軀。
佛法遍滿藏地，
假如你學習和修行，
你將永不缺乏佛法的財富。
透過聞、思、修來保持佛法，
你和其他眾生體證圓滿，

沒有其他更好的教法。
既瑪！聽著，根清巴忠誠的女兒！
蓮師前赴蓮華光。
這是三世諸佛的請求。
不像眾生被死主驅趕。
善女子，你具有奇妙的身體、成就的身體；
懇求主人——你的內心，加持和灌頂，
蓮師沒有其他的代理人。
既瑪！聽，移喜蹉嘉女！
蓮師到達大樂之地，
我將住於無死法身的神聖狀態。
不像眾生把身體和心念割裂，
蹉嘉，你已因甚深的教法而得解脫，
修行阿底瑜伽大圓滿來摧滅肉身。

禪定、祈求、修行和除障，
上師的大悲除去所有的障礙。
既瑪！聽著，吉祥印記的耀目藍光！
我已多次給予你口訣──
修習上師瑜伽、瞭解集諦和業的本質，
讓你的頭塗上虹光，
觀想那裡月輪和蓮花，
衆生的導師，蓮華生的自身；
一面二臂，持杵和顱杯，
穿著雜色披風、法衣，
象徵所有佛乘的徹底圓滿。
他戴著蓮冠，頂有雀毛；
耳飾和項鏈，
蓮花的坐姿。

充滿耀目光芒，吉祥徵象和印記，
五色空行圍繞，
光芒放出和收回。
繼續習定，
直至聖像光芒遍滿你的意念。
當形象清晰出現，以平等安住來吸納它的力量，
直至光芒出現，應精勤地修習。
重複金剛上師心咒：
上師心髓中的心髓。
最後，將你的身、語、意三門與我併合。
得到上師的加持和迴向。
安住於大圓滿的不動，
蹉嘉瑪，沒有比這觀想更殊勝的。

⊙上師，請容許我發問，蓮師的衣飾怎樣象徵圓滿的三乘教法？

蓮師身穿密袍法衣，依序最外層爲國王袍，跟著是代表三乘圓滿的服飾——外層爲紅色法衣，代表大乘圓滿；中層爲藍色法衣，代長小乘圓滿；內層爲白色祕密法衣，代表密乘圓滿。

⊙那麼蓮冠上的「雀毛」代表怎麼？

蓮冠頂上有半截五鈷杵，杵端有羽毛，代表已證悟大圓滿「心中心」的最高境界。

⊙蓮師吩咐蹉嘉常念誦他的心咒和觀想他的形象，這是心髓中的心髓，捷徑中的捷徑。蓮師在與蹉嘉離別時，還有甚麼開示？

蓮師還向蹉嘉和以後他的弟子承諾：

蓮師的大悲永不起伏，
我大悲的光芒將無休止地照亮大地，
你衹須懇求，蓮師頃刻現於你面前，
我從未離開那些具信念的人，
亦不會離開那些沒有信念的人——
縱然他們見不到我。
我兒，你將永遠在我大悲中得到保護。
以後每逢初十日，
蓮師將現於日光之上。
猶如四季的轉移，我將從寂靜到憤怒的形態，
尤其重要是在每月初十日修行，
當可獲得所有忿怒本尊和灌頂的成就悉地。
每月十五日，我將坐於月光上，
以大悲和加持來震撼世界，

我空盡三惡道的衆生，
我將圓滿地利益所有衆生。
在每月初八日，晚上和拂曉，黎明和黃昏，
我坐在神馬梗些之上遨遊世界，賜給衆生力量和幫忙。
在惡魔的領域，我將轉動法輪，
在渡海的二十一處偏遠之地，或三十處更遙遠的地方，
我將毫無分別地化現寂靜和憤怒形態，
以火、水、風、空和虹光，
震撼地經過每一地域，
我衆多的化現帶來大喜樂。
善女人，為了利益無盡衆生的同一理由，
你必須留在藏地超過一百年，
引領衆生達致喜樂。
在一百零一年，你便可前來雅笠空行洲，

我們再度合一，保護和教導衆生，
你那時稱為智慧持明，
你將與我的身、語、意合一，
已截斷生與死之河，
已停止業風的迷惑，
將來，你祇因利益衆生而示現，
我們將繼續在藏土示現——
沒有憂慮和限制來利益衆生。
我們未嘗一刻真正分開——
祇在相對的世俗層次，
我的加持和悲雨垂降整片藏地。

蓮師吩咐完畢，天空佈滿光芒，勇士和空行雀躍飛舞，各種樂器聲音響徹雲霄，旗幟飄揚，天空滿佈流蘇絲帶，勝幢、傘蓋、海螺、骨號、手鼓、大鼓、長笛、銀鈴、種種不可思議的供養雲遍滿。光芒放出又收回，漸明頓暗，蓮師和隨侍逐漸消失在西南方。

蹉嘉俯伏地上痛哭，蓮師回望他，音樂又再響起，蹉嘉喊叫：

既瑪伙，既瑪哭！鄔金之主！
是否現在衹留下空洞一片的藏地？
大悲的光芒是否已離去？
佛的教法是否已被離棄？
是否藏人已被遺棄？
是否蹉嘉已被遺棄，再沒皈依處？
請以大悲照看我們！

蓮師再以清澈奇妙的聲音回應，雖然看不到任何蓮師形象，但他給予第二次囑咐。之後，黑暗又再次降臨。

蹉嘉又唱起歌來：

既瑪！鄔金蓮華上師！
你是保衛西藏之父。
你現已前赴空行剎土，
西藏淪為空洞和遺棄之地，
至珍貴的寶庫何在？
縱然終極裡沒有去或留，
你今天卻已到了鄔金領域。
照遍人和天，給予藏地溫暖的太陽已下山了。
誰可給予那些徹底赤裸者溫暖，
不幸的藏人已失去眼睛，
現在，誰可帶領這些瞎眼和孤獨的人？
我們的心已粉碎，

誰可引領這些無心屍骸？
你來此利益眾生，
為何你不再稍留一會？
既瑪！鄔金蓮師！
重重黑暗已臨藏地；
佛法寶座已空置，
自此沒有瓶灌。
現在，我們祇可估量事物的本質；
我們必須向書本找尋教法；
我們祇可觀想上師；
我們祇可用塑像為替代品；
我們祇可靠賴夢境和祕視；
現在，可怖時刻已降臨！
鄔金蓮師，

請以大悲垂顧我。

蹉嘉祈求時，光芒從西南方而來，在他面前停下，光芒送來一個方吋長的盒子，這是蓮師第三次囑咐，它令蹉嘉心中生起甚深信念——所有內心不安和情緒起伏一掃而空，他認識到與上師聚合離散的觀點是毫無意義的，於是以大敬心修習上師瑜伽三月；期間，蓮師不分晝夜共示現六次，給予指導、教法和預言。

22 蹉嘉傳承　演教傳燈

⊙蹉嘉祇專注個人的解脫修行，跟蓮師離開時命他留在藏地弘法利生的囑咐有些乖離。

跟上師離別，就是大成就者的心情一時間亦難立即平復，我們畢竟是人，不是草木鐵石。蓮師亦以神力使蹉嘉憶記前生爲常啼菩薩時那種捨身救度的事蹟：

他記得前生自己曾把身體作爲野獸的食物；他給予寒凍者衣裳；

饑餓者食物；病者醫藥；貧窮者財富；對那些無力者給予保護；色欲者奉獻自己身體；甚至不顧自己安危，將身軀器官施捨給有需要的人，他以自身給予衆生各方面的利益。

一次，一個跛子跪在他跟前說：「醫師對我說，祇要我拿到大菩薩的膝蓋，便可把病治好，使我健步如昔。我知道你是仁慈的菩薩，任何有需要的人要你施捨，你都給予。我爲此而來，你可以滿足我所願嗎？」常啼菩薩望著跛子，生起大悲心，他說：「你可取去所需的，我承諾佛陀永遠利益衆生。」

於是跛子拿起匕首，對他說：「我現在要切掉你的膝蓋，這是很痛苦的，你能忍受嗎？」

常啼菩薩說：「任何應該發生的就讓它發生罷！」

他用鋒利的匕首割下常啼菩薩的膝蓋；鮮血沿著刀鋒濺溢出來，他痛得很利害，甚至呼吸也停止了……

蓮師繼續以神力令蹉嘉記憶前生的菩薩行。有一位痲瘋男子到他跟前，他已全身腐爛，膿瘡穿破，滲出血液，鼻和口滿是傷口，全身發出惡臭，他說：「我以前很健康，有一位美麗得儼如女神的妻子。自我染上這突如其來的痲瘋病，他隨即跟另一男人跑了；我內心痛苦極了，我需要一個女人，解決我的欲念；我需要一個女人，撫慰我的心靈。我來這裡請你做我的女人，你能否忍受？」

菩薩再次生起大悲，回答說：「不要哭，你所請求的我都會做。」於是他侍奉這個痲瘋病人。

⊙上師，我覺得常啼菩薩很偉大，而跛子和痲瘋病人很自私。

常啼菩薩徹底實踐圓滿布施道，履行誓句，這教佛弟子效法。跛子和痲瘋病人亦是前生有種種業因才得遇菩薩的救濟，不要對他們生厭。

⊙回憶這些善行，能令蹉嘉擺脫與上師分離的痛苦嗎？

蓮師不可思議的神力，使蹉嘉回憶圓滿布施的意義，令他的精神煥然清新。蓮師又以加持力，令前生獲蹉嘉救濟的麻瘋病人重現蹉嘉跟前。因前生的福德，他現世已成龍王，他來到蹉嘉跟前，說：

既瑪，上師移喜蹉嘉瑪！
你是蓮師祕密之鑰。
你的悲憫擔承他人的苦痛，
既不審查也不執著是淨或染，
你衹顧及他人的利益，
收藏對自身任何的愛惜。
佛陀的法侶，教法的皇后，我向你頂禮！
啤瑪吞晴雜是我們的導師，
師姊，請以大悲加持我，
你蘊藏祕密教法的海洋，
你掌握蓮華教法寶庫的甚深意義，

因你的通達瞭解，
他的教法能夠永不衰落地繼續弘揚，
祇要你一日仍在，祇要我還生存，
我將追隨你、保護你、隨侍你。
願美好得傳揚，錯誤被推翻。

說畢，龍王便消失了。

⊙這樣的示現太神奇了，以往沈迷於美色的痲瘋漢，如今成爲佛法的守護神。蹉嘉會因此而更積極弘法利生嗎？

蹉嘉收拾傷感心情，重振蓮師教法。那時西藏密乘已進入第二代了。蹉嘉在各地弘法，爲了完成埋藏佛法寶藏的使命，他往訪大小聖地，踏遍泰戈、雅龍、揚藏、耀柏、燦尼雪山、港波、家蒲、隻瑪、哥瑪、秀遮雪山、御山、剛遮、玉山、祖麼山、尼波等地，尤其在藏東埋著特別多的伏藏，蹉嘉祝禱這些地方和埋下伏藏。

⊙蹉嘉除了弘法利生的事業、埋藏伏藏外，他有把蓮師的最高教法大圓滿的口訣傳下來嗎？

蹉嘉把大圓滿的口訣傳下，成爲大圓滿的傳承上師；此外，他還將密集金剛的上師口訣傳下，化度了藏王賽那累和熱巴堅父子。蹉嘉又教授南卡寧波修鍊氣脈明點，並引導他修成長壽佛悉地。

爲了更高層次地利益衆生，蹉嘉修習大圓滿，達致「促烈孟森」的體證，以各種形態來利益衆生。

蹉嘉的願望是：

對於那些饑餓的衆生，
我示現為豐盛的食物，

將他們安置於喜樂之中。
對於那些寒凍的衆生，
我示現為陽光和熱火，
將他們安置於喜樂之中。
對於那些貧窮的衆生，
我示現為無數珍珠寶石，
將他們安置於喜樂之中。
對於那些無暖衣裹身的衆生，
我示現為衣服，
將他們安置於喜樂之中。
對於那些無兒無女的衆生，
我示現為他們的愛兒，
將他們安置於喜樂之中。
對於那些渴望女人的衆生，

我示現為無可抗拒的女侍，
將他們安置於喜樂之中。
對於那些渴望丈夫的衆生，
我示現為英俊男兒，
將他們安置於喜樂之中。
對於那些渴求神通的衆生，
我給予八大成就法，
將他們安置於喜樂之中。
對於那些被疾病困擾的衆生，
我示現為靈藥，
將他們安置於喜樂之中。
對於那些飽受痛苦煎熬的衆生，
我示現為滿足，
將他們安置於喜樂之中。

對於那些被法律制裁的眾生，
我帶領他們來到和平、友愛及慈悲之地，
將他們安置於喜樂之中。
對於那些受猛獸危害的眾生，
我示現安全護蔭，
將他們安置於喜樂之中。
對於那些墮入深淵的眾生，
我將帶領他們脫離深淵，
將他們安置於喜樂之中。
對於那些被火逼害的眾生，
我示現為水，
將他們安置於喜樂之中。
對於那些被五大煎熬的眾生，
我示現為對治的良方，

將他們安置於喜樂之中。
對於那些瞎眼的衆生，
我示現為眼睛，
將他們安置於喜樂之中。
對於那些殘廢的衆生，
我示現為肢體，
將他們安置於喜樂之中。
對於那些瘖啞的衆生，
我示現為利舌，
將他們安置於喜樂之中。
對於那些瀕臨死亡的衆生，
我帶走死亡，
將他們安置於喜樂之中。
對於那些新死的衆生。

我帶領他們走上轉化的道路，
將他們安置於喜樂之中。
對於在中陰迷失的眾生，
我示現為本尊神祇，
將他們安置於喜樂之中。
對於那些處身炙熱地獄的眾生，
我給予清涼；
對於那些受冰寒折磨的眾生，
我給予溫暖；
對於眾生所受的一切痛苦，
我示現為合適對等的幫助，
將他們安置於喜樂之中。
對於那些投生餓鬼的眾生，
我示現為食物和飲料；

對於那些投生畜牲的衆生，
我解脫牠們愚蠢、啞音和奴役的痛苦，
將牠們安置於喜樂之中。
將於那些蠻橫謬見的衆生。
我轉變他們錯誤的道路，
將他們安置於喜樂之中。
對於那些投生阿修羅的衆生，
我使他們脫離鬥諍、打架和劫奪，
將他們安置於喜樂之中。
對於那些生為天神的衆生，
我設法解救他們下墮的痛苦，
將他們安置於喜樂之中。
任何令衆生受苦的，
我也一一令他們解脫苦難，

將他們安置於喜樂之中。

蹉嘉對跟他修習大圓滿的弟子說：

簡單來說，
祇要虛空仍存，
五大必遍滿。
祇要五大仍存，
衆生必遍滿。
祇要衆生仍在，
情欲和貪、瞋、癡必遍滿。
祇要三毒仍在，
大悲必遍滿。
這就是佛陀和我心靈的流佈。

⊙身爲弱質女子，蹉嘉的菩薩精神比起地藏大願：「地獄未空，誓不成佛；衆生度盡，方證菩薩。」毫不遜色。

修習大圓滿心髓，就可以通過法界的力量、佛陀不可思議的加持力，和自己的福德力，「轉弱爲強」，把自己生命質素發揮至與佛無異。

⊙除了南卡寧波外，移喜蹉嘉還有廣傳大圓滿教法和灌頂嗎？

移喜蹉嘉在西藏示現二百一十年，在他九十歲時，他體證大圓滿的果位「促烈孟森」，便開始傳揚大圓滿阿底瑜伽。直至他二百一十歲，到西南銅色吉祥山與蓮師會合，整整一百二十年，他都是弘揚大圓滿，打開阿底瑜伽的壇城。

⊙亦即是說，因爲蓮師在離開西藏時才爲蹉嘉灌頂，打開阿底瑜伽壇城；而蹉嘉成功修證大圓滿後，便以一百二十年時間弘揚大圓滿，他實際上是藏傳大圓滿的開拓者。

我常說：「師父能幹不要緊，在弘揚教法來說，徒弟的力量才重要。」世尊有大迦葉、阿難；杜順有智儼，法藏；慧文的智顗；惠能有神會；教派便因徒弟的能幹、組織能力強而廣泛傳揚。

23 大樂佛母　三根本法

⊙寧瑪徒衆如何修習才得到移喜蹉嘉佛母的加持？

爲了迴向衆生福慧，我把心髓派三根本上師、本尊、空行中的大樂空行母——「容噶」——修法法本公開。

龍欽寧體單體移喜蹉嘉佛母根本修法

敬禮空行大樂母　壇城月輪獨門中
三角女陰法基上　上置護樂「瑪達那」
再次珍寶妙藥滿　水晶寶鏡生命依
外內供品廣無邊　面向西方寬坦坐

一、皈依

南摩

吉美兒戲看卓過　加美浪炯那作瑪
無生智慧空行體　無滅自成瑜伽母
家嚴多傑帕嫫拉　杜隻美巴佳蘇旣
佛母金剛亥母尊　無聚無離我皈依（念頌三遍）

二、發心

伙

滴內姜秋瑪督哇　兒戲看卓錯祝呢

從今乃至證菩提　智慧空行我善修

措哩乍威深間林　爹千薩沙果巴旣

遠離偏執有情衆　大樂剎土祈安置（念頌三遍）

三、獻供

嗡、阿、吽

吳波進啤南埵昆　旣浪桑松初啤眞

執爲實有意觀等　外內密三供養雲

公都商波多願尼　南卡答佐接娃美

原始普賢五欲供　猶如虛空廣無盡

沙哇班渣沙瑪雅伙（念頌三遍）

四、生起次第阿底瑜伽

呀

浪哇湯傑嚴雅隆　希巴湯傑看卓打

一切光明五佛母　世間一切空行境

尊見列達些約岡　吐列夜紀卻應過

超越因緣無量宮　明點唯一法界門

爹千巴威作張布　錯志給薩先啤東

大樂燃燒宮殿中　放光蓮花蕊千瓣

尼瑪當拉看卓作　設切弄那公商嫫

日輪墊上空行主　法身境界普賢母

龍哥奧那哇瓦嘻　祝旣移喜蹉嘉瑪

報身境界觀世音　化身智慧蹉嘉母

下節恰尼固多瑪　界摩亮巴多答見

一面兩臂身紅色　裸身平腿舞立姿

奧都册當先啤薛　**恰約托啤張爹餓**

情思深切露笑容　右手執持小顱鼓

亮既塔家多境包　**遠巴基固由哇尼**

舉至耳際欲敲焰　左手斧柄彎刀持

固拉殿內丘都境　**巴嘎結奧努瑪北**

柳腰圓臀神氣傲　女陰豐滿乳高突

仁波切當紅女見　**布達里記多些江**

如意珍寶妙齡飾　潔白蓮花瓔珞垂

路啤間句固拉界　**洛南餓隻念册見**

骨質六飾身上戴　秀髮烏黑辮子束

仁波切伊界雜基　**鄔味見尼應拉色**

如意珍寶威光赫　中央慧眼觀法界

龍哥見記卓哇疊　**祝既見記堪送始**

報身左眼調衆生
固拉節地精哥作
周身密部壇城全
瑪覺浪炯勇祝哈
無生自成實相尊
袞西伊卻涅達北
諸根意法清淨處
浪東尼美焰當作
明空無二佛母合
杜基南些答嗶下
行識五蘊清淨尊
頓珠多傑密覺伯
不空成就金剛佛
味弄果過當奇多

化身右眼召三界
突葛花知別威應
心間吉祥結境界
哥羅基雅爹哇路
五幅脈輪中央位
桃得里巴公都商
周遍了知普賢性
基雅羅錯杜些當
五脈輪上色受想
南浪林炯浪塔當
大日寶生阿彌陀
沙出見當瑪瑪格
地水眼之「瑪瑪格」
南卡應色汪出雅

火風白衣誓言母
涅達日即嚴雅車
淨界種性五妃抱
南些答啤內深西
遍智清淨內四尊
木拉沙寧給嫫瑪
眼中地藏嬌媚女
那拉南寧聽哇麼
鼻中虛空珠鬘女
遠措汪波扎西拉
左方主尊四根本
弟西答啤深瑪喀
四時清淨明妃抱
拿哇捉些美多見

虛空法界五自在
約措汪波扎西拉
右方主尊四根本
佑西答啤森瑪喀
四界清境明妃抱
拿哇恰多路瑪尼
耳金剛手歌舞女
界拉見熱西日瑪
舌上觀音舞蹈女
汪波答啤旣深西
自在清淨外四尊
木拉蔣巴督波瑪
眼中彌勒薰香女
那拉公商阿洛給

耳中除蓋障花女
界拉江啤及秋瑪
舌上文殊塗香女
爹哇桑涅剛突遠
臍間密處左足心
些那達哇涅答啤
照見慳貪清淨處
洋拿西拉深間記
四總支分眾生具
汪波列佳亦些西
主宰觸處四觸識
答冊答當達打當
常斷我見自觀之
笠夜奧傑隻遮瑪

鼻中普賢明燈女
渣華界當寧卡當
額處喉嚨與心輪
日登珠瑫榜木呀
輪迴六道五煩惱
里啤界布吐巴走
住明士夫六能仁
路即南巴些巴當
道路行相了知之
涅達果哇呀西拉
淨界入門四明王
尋覓答哇列得嚴
諸相照見清淨界
勇巴杜青薛巴嫫

右手閻羅鐵鈎女
岡遠當晴渣佐瑪
左足瑪頭鉤鎖女
燦美夜醫成尼珍
四無量業皆具足
勇足當松昌威哈
成就座三圓滿尊
爹依嘩布烏加拉
周身一一毛孔中
瑪路路巴美巴足
無一有缺空性圓
南隻瑪倪祝錯尼
形態無定幻化相
布卓揚威看卓過

左手大力罥索女
夜爸作知車佐富
右足甘露旋鈴女
答佳答界作巴列
祈淨能淨圓滿事
浪拉浪奧美巴薛
觀照無自性光明
昌通潔底精哥糯
飲血密部壇城化
袞江公智恰千當
諸聚身色標幟等
浪炯浪賀千波窩
自生自現大變化
玉得啤瑪吞晴雜

四周十萬空行繞　部主蓮花頭鬘力
阿闍黎容噶生針　赫魯迦巴張這初
阿闍黎露微笑顏　忿怒尊持鈴聲奏
當織移喜尼舒美　貢巴扎記限杜督
誓句智慧無分別　修持即能得成就
薩瑪雅

五、迎請（以真誠懇切之心念誦）

吽
日知名尼佳嘎如　涅記丘著鄔金涅
地方名爲印度國　殊勝居處鄔金地
度瑪他拉看卓種　能過南促牙又耐
「度瑪他」有空行城　殊勝部洲妙拂洲

東拉奧明爹千幸　南巴看卓查必涅

實爲兜率大樂境　行相空行幻化處

傑行休啤約袞內　卻固容清蹉嘉瑪

喜悅安住諸地域　法身佛母「蹉嘉瑪」

布卓看卓過當接　飲記劉錫簫叔索

十萬空行眾圍繞　賜予加持請降臨

涅丘帝路釪破拉　怎錯達拉汪西過

勝地此處加持降　四種灌頂賜授我

骨當龍見嘩册索　錯當吞夢倪杜促

消除邪行鬼魔障　請賜共不共成就

嗡阿吽・班渣・嘉那達奇尼・唉呀也拿片片渣。

六、入坐頂禮

伙

多涅當既移喜巴　巴舒美巴多傑殿

本初誓句與智慧　自性無別金剛座

看卓身即丘車杜　分記界拉恰車洛

空行心意神變具　同時生成我頂禮

南麼那瑪吽

七、獻五妙欲供

伙

浪奧西啤卻梭足　多遠雅衣見杜哈

淨土世界諸法樂　現爲五妙欲莊嚴

身即衣奧爹千波　朗東美啤界丘余

心中如意大寶藏　無取無捨喜獻供

班渣加那．得堅尼．布啤．都貝．阿洛旣．更爹．尼威爹．雯打．瑪哈沒咱．日打．班渣．巴冷打．沙嘩．布扎．阿吽。

八、讚頌祝願

吽

家哇昆音多傑那作瑪　那措永隻些如帕洛慶
諸佛之母金剛瑜伽母　種種般若智慧度彼岸
借例先啤南旣蹉嘉嫫　桑傑啤瑪占拉恰差洛
儀態莊重微笑蹉嘉母　諸佛蓮花明妃我讚禮
通威衣錯遷爲弄措見　托別南佐加美達衣送
目見奪魂相好青春體　聞者解脫無礙口傳語
眞備爹東移喜界啤禿　渣樑傑嫫誇千薩拉埵
憶念空樂智慧即生意　空行聖母虛空星曜讚

借捉嘎爹丘奇波亮嫫　沙拿旣美定進當作別
妙齡賜樂獻供女使者　光明幻化三昧之伴侶
奇浪先松扎論土連今　公都商嫫弄杜達久記
外內他三風脈明點處　普賢佛母此處一如化

（如是修持成就頌咒觀）

浪尼看卓突葛阿　帕嫫聽邢基托珍
自身空行母心中　聖母藍黑持顱刀
寧布突葛邦千塔　南床哥華窩隻記
心中旋繞「邦」字上　咒鬘圍繞放光射
哈知浪先沙哇佳　日達喇嘛突佳過
照明天身執著相　身處上師心根念
爹列窩特多尼佳　喇嘛固列杜記尊
如是放光饒益眾　上師體內流甘露
薩美爹哇千波屈　加哇西衣界列記

無漏大樂如雨降　由此心中生四喜

慢阿移喜南新容

四灌智慧領受得

嗡・班嫫・約奇尼・佳那・哇瓦・阿吽。（上為根本咒）

嗡・固黑・渣那・菩提節打・瑪哈蘇卡・如魯・如魯・吽走吽。

（附記：

殊勝方便淨瓶灌　無施無得法爾性

修等持定要點迫　生圓次第無需多

僅此一法可成就　修持吧

意境層次無邊際　勝賜允許無動搖

共同空行和合聚　無數遍智得開悟

照耀表徵法身現　歡嘉安適明白知

空行成就八功德　成就可得夢現證

紅色婦女集會之　鮮花螺貝水晶得

寶箭手幟親現見　空行成就諸相說
事業化成如尊慧　隨後次第薈供聚
福德之中最殊勝　空行聚集誓句物
內供遍滿好供設）

伙

爹哇清波若丘都　措記哥羅南覺尼
殊勝大樂勝增滿　薈供曼陀羅受用
朗東美啤當旣傑　嗡阿吽旣得著尊
無取無捨誓句物　誦「嗡阿吽」化甘露

九、次第薈供

吽

奧明涅當卡覺奧　巴窩看卓杜威列

兜率天與空行剎　勇士空行聚集處

尼休札西隻威也　**那得多傑朋波中**

二十四處幻化境　猶如金剛五蘊體

旣窩札闌達惹當　**明遷布里惹麻拉**

「札闌達惹」是頂門　眉間「布里惹麻拉」

分啤札堪阿布答　**作布惹梅肖惹當**

後頸脈根「阿布答」　「惹每肖惹」是眉毫

拿哇約巴鄔金兒　**遠巴果達瓦日幸**

右耳是爲「鄔金土」　左耳「果達瓦日」境

密尼爹烏果答當　**賊巴瑪拉哇接那**

「爹烏果答」是雙目　肩頭是爲「瑪拉哇」

休啤巴窩那作瑪　**看卓當尼看卓瑪**

安住勇士瑜伽母　空中飛行空行母

措記杜哇蕭叔索　**烏札吐卒殿些殿**

薈供堂中祈降臨
張盧薩布達拉拉
髮辮瓔珞達啦啦
路間日卡坐洛洛
身佩小鈴叮噹噹
多傑路當嘎拉優
金剛歌曲舞曼妙
當旣亮巴拖洛香
逾越誓句發露懺
丘當呑夢無住卓
請賜共不共成就
遷當卡空迦瑪如
腋下腎根「迦瑪如」
爹哇帝夏古那中

頭髮頂髻顫巍巍
念冊杜布嘰盧盧
耳飾釧鐲圓溜溜
張爹借污乍當接
小鼓寶鈴聲響亮
多遠弄覺措蘇白
五欲受用薈供獻
旣浪華卓應舒多
外內障難法爾解
弄覺哥洛蘭巴嘎
受用輪上「蘭巴嘎」
努瑪寧尼鄔帝德
兩乳頭間「鄔帝德」
拿衣界摩臬薩拉

肚臍「帝夏古那」城　鼻端上是「皐薩拉」

呀岡噶利迦衣雨　寧嘎噶支加當糯

上齶「噶利迦」聖地　心中乃是「噶支加」

喜瑪拉衣中千那　休啤巴窩那作瑪

「喜瑪拉」之中心城　安住勇士瑜伽母

看卓當尼看卓瑪　措記杜哇蕭叔索

空中飛行空行母　薈供堂中祈降臨

烏札吐卒殿些殿　張盧薩布達拉拉

頭髮頂髻顫巍巍　髮辮瓔珞達啦啦

念冊杜布嘰盧盧　路間日卡坐洛洛

耳飾釧鐲圓溜溜　身佩小鈴叮噹噹

張爹借污乍當接　多傑路當嘎拉優

小鼓寶鈴聲響亮　金剛歌曲舞曼妙

多遠弄覺措蘇白　當旣亮巴施洛香

五欲受用薈供獻
既浪華卓應舒多
外內障難法爾解
遷瑪哲答布羅幸
陰部哲答布羅界
貼翁瑪洛瓦拉察
拇指「瑪洛瓦拉察」
梭摩助卒那嘎惹
手指十六「那嘎惹」
餓貢信杜作界那
足面「信杜」城中間
看卓當尼看卓瑪
空中飛行空行母
烏札吐卒殿些殿

逾越誓句發露懺
丘當呑夢無住卓
請賜共不共成就
香念支哈爹威耶
肛門「支哈爹威」地
欽巴蘇哇那都娃
小腿「蘇哇那都娃」
布摩古拉達當尼
膝蓋「古拉達」以及
休啤巴窩那作瑪
安住勇士瑜伽母
措記杜哇蕭叔索
薈供堂中祈降臨
張盧薩布達拉拉

頭髮頂髻顫巍巍　髮辮瓔珞達啦啦

念冊杜布嘰盧盧　路間日卡坐洛洛

耳飾釧鐲圓溜溜　身佩小鈴叮噹噹

張爹借污乍當接　多傑路當嘎拉優

小鼓寶鈴聲響亮　金剛歌曲舞曼妙

多遠弄覺措蘇白　當既亮巴拖洛香

五欲受用薈供獻　逾越誓句發露懺

既浪華卓應舒多　丘當呑夢無住卓

外內障難法爾解　請賜共不共成就

接作雙薈供：

移喜看卓瓦措貢蘇索　多測些當帝穆汪爵別

智慧空行天眾祈降臨　貪愛瞋恨愚癡灌頂淨

路粒深記杜接施羅石
身語意之罪孽發露懺
洋達東瑪埵巴拖羅石
不念正理於今發露懺
卓威東瑪記巴拖羅石
不作利生事業發露懺
貢當隻巴衣哇拖羅石
修習儀軌放逸發露懺
丘巴洛得達巴拖羅石
獻供年月忘失發露懺
喇嘛固頌突當嘎哇石
違師身語意過今懺悔
卓丘突當嘎哇拖羅石
師兄弟心相違發露懺

貼巴芒備汪杜隻別那
承擔欠缺灌頂令轉變
寧傑寸奧些當汪爵別
缺乏慈悲瞋惱灌頂淨
列洛尼記汪杜隻別那
懶惰懈怠灌頂令轉變
薛那住給汪杜隻別那
慳吝小氣灌頂令轉變
牙借肯深汪杜隻別那
驕傲慢心灌頂令轉變
界杜寸威汪杜隻別那
缺少悲憫灌頂令轉變
達卓奀啤汪杜隻別那
壞友挾制灌頂令轉化

普當辣瑪叫巴拖羅石
變爲僧殘浪子發露懺
普努突當嘎哇拖羅石
遊蕩違背神意發露懺
看卓嘎册涅著拖羅石
空行天譴轉依發露懺
深間涅瑪埵巴拖羅石
有情未置佛位發露懺
佑記基巴久巴拖羅石
漸次生爲障蔽發露懺
頌味突當嘎哇捉巴梳
違背總持母心祈寬恕
切亨哥哇界哇拖羅石
貪欲生於輪迴發露懺

普當辣瑪亮啤中汪哥
因被擯棄僧殘敗壞故
普努突當嘎哇見汪哥
因作遊蕩違背灌頂淨
作威地那寧傑寸哇衣
誅滅之時缺少慈悲心
扭夢涅瑪埵啤中汪旣
煩惱未轉移爲菩提故
玉窩殿拿旦眞瑪石備
實修之時三昧不明故
頌瑪突當嘎威中汪過
總持母心相違過失淨
石涅過宋突記唉杜卒
悔罪賜我身語意成就

（如是誠心懺悔，可使所違誓言得復完善）

嗡・呀加呀麼今・吵哇達摩林阿底羅本拿得打・嗡阿吽・呸・梳哈。

派

辣拉汪威葛亮尼　**看卓順助扎尼當**
擁有殘食使者等　三十二位空行母
看千擴蘇浪葛布　**波領順佳句助爹**
靈嘎共有十萬眾　使者三百六十部
作瑪西當拔瑪接　**瑪摩頓當幸嫫西**
速母四尊八燄女　七位瑪摩四姊妹
吽作涅努乍忙林　**辣拉杜奧措岡記**
力行遊境非人等　喜歡殘食走供堂
傍波桑波帝些拉　**密吞見雅拔册索**
殘餘美味請享用　逆緣障難請消除

作哰慶列住巴作
摧毀事業成就作
（食子拋出門外滿意所請）
吽
先哭看卓底哰瓦　卻記應涅做先拉
請起空行集會尊　法性境界身請起
姜切祝哰拔册拖　諾住炯哰固巴梳
調伏菩提成就障　消除情器五大墮
扎論汪湯亮巴索　祝哰乍布企巴作
風脈退滅得復原　使我修持得成果
吽
雙松列疊公商桑　浪奧南答奧明杜
超脫三時普賢佛　自性清淨住兜率
滇松昌威東哥記　桑千多傑卻哥過

三座住處佛繞處
無進答嗶瓦列松
無明清淨三淨界
惡尼列見中嗶窩
密咒行者幻化前
札達蹉嘉喇措路
「札達蹉嘉」聖神湖
涅松看卓欽瓦奧
三地空行賜加持
接美爹記果傑切
無盡庫藏門戶開
殿眞奧杜成列作
依諸緣起事業成

共轉金剛密法輪
句爹炯威涅蘇殿
續部開端諸經論
浪奧尼杜炯嗶切
自他實性壽增長
巴登浪炯多傑尊
具德自生金剛續
些念美嗶牙衣列
無貪無取斷諸業
車巴西拉答巴衣
謬誤根本是清淨

十、丹瑪守護

吽

巴記葛亮窩堪中　瑪幸登瑪助尼林

吉祥使者護藏地　姊妹地神十二人

帝中埵昵哈出些　雀備成列隻巴作

到此受用食子水　所托事業請成辦

十一、瑪頭舞

吽

移喜看卓精哥得　洛巴見啤當希袞

智慧空行此壇城　壓伏邪引怨鬼眾

念嫫貼巴林固佳　南養當哇瑪久記

壓於九乘次第下　永不生起無一餘

東巴牙冷

十二、供養讚歎成就次第

伙

看卓則備當旣達浪貼　無祝卓威底拉達巴那

今晨修習空行誓句畢　成就賜予諸時今已得

密涅移嘉突記兒哥內　固頌突當亮喲汪住督

人趣智慧意之壇城中　身語意等相應十自在

達塔尼杜達拉哲杜叔

此刻自身祈請賜予我

嗡．班嫫．瑜格尼．佳那．娃瓦．嘻．班渣．家也．或加．知達．

沙哇．悉地．帕拉．伙。

十三、懺悔罪業

吽

移喜看卓精哥杜　丘傑瑪昌隻巴衣

智慧空行此壇城　獻供不全修法懶

定進金夢吐拉索　更作弄巴梭巴叔

禪定昏沉掉舉等　違惑悔罪請寬恕

（百字明咒一遍）

十四、圓滿次第

伙

出列出嘩多哇奧　浪列這啤精哥哈

如水起泡相似現　自身幻化壇城尊

移喜應蘇班渣穆　傑禿祝米夏固當
智慧法界祈返回　後得幻化尊身起

十五、迴向

伙

看卓瑪衣精哥杜　界作達卓記巴衣
空行佛母此壇城　生圓次第持頌修
給威扎哇岡陸巴　卓袞桑傑托雪餓
善業根本何所得　迴向眾生證佛果

十六、祈願

伙

浪希湯傑答巴看卓奧 **爹千救美多傑那就瑪**
一切萬物清淨空行刹 大樂不動金剛瑜伽母
南根丘登東記帕嫫當 **浪此三札爹無巴千救殼**
現空無別殊勝眞亥母 面前禮拜菩提祈顯現

十七、吉祥祝願

伙

仁青堆巴欽瓦當 **貢丘松記甲巴當**
傳承持明諸加持 佛法三寶之眞諦
桑額薩摩殿傑記 **兒傑西威扎戲殼**
深奧密乘緣起法 息滅八難永吉祥
切索結啤札戲殼 **浪哇汪地札戲殼**
福壽增長永吉祥 現見任運永吉祥

洛定冊炯札戲觳　浪先哈記夏記作
邪念斷滅永吉祥　尊身顯現手印作
借則爹靑扼事得　殿督餓色車過汶
音聲大樂密咒淨　了悟光明法身具
札尼桑塔札戲觳
虹身圓明永吉祥

（復次吉祥遍滿具三昧耶巖傳標幟）

（以上空行祕籍是仁靑持明吉美嶺巴於勝生海神處「札達蹉嘉」湖邊，從空行自在佛母心中取出，後經翻譯整理，成此略要。）

吉祥圓滿

24 法喜聚會 妙拂吉祥

◉上師，可否談及蹉嘉在離開西藏到銅色吉祥山前對弟子的教示忠告。

蹉嘉二百一十歲那年，帶同十一位主要弟子，三十九位追隨者，來到薛保山谷，準備在西藏作最後的教示。弟子們知道自己的上師移喜蹉嘉快要離去，誠懇要求蹉嘉永留這五濁世惡世。弟子很是痛苦和憂傷，眼中淌淚，蹉嘉坐在他們中央。

蹉嘉告訴他們：

所有聚集這裡的徒衆們用心聽著！
以自己的心力指向我的聲音。
你們無需沮喪失望，相反，你們應當喜悅。
生命不過是集合體，它是無常的，
事物都不外是現象，
它們沒有真正的基礎，
道路是混亂的，它們全不是真理。
事物基本本質是空性，
事物是沒有真正位置，
思想純粹是二分概念，
它是沒有基礎和根基，
我未嘗見到有一事物最終是真實的。
這群誠心的佛弟子聚集這裡，
你們不停向我祈求，

你要知道祇有大樂的虛空才可賜予加持。
事物根本沒有聚和散，
我不過是具有離開的業力，
帶領他人——我會無分彼此地給予皈依和展示大悲，
對於我，面對死亡和轉變是沒有痛苦的。
你們無需沮喪，
我在大地的角色已完結，
我的主人，鄔金蓮師曾預言，
這生我將利益眾生二百年，
現在已過了多年，
我必定要離開我的國土——西藏。

⊙大成就者都是無懼死亡，何沿蹉嘉已完成「上求佛道，下化衆生」的角色。

蹉嘉雖然有二百多歲世壽，但人生的路途卻充滿傳奇：

十三歲，他成爲皇后。

十六歲，成爲蓮師的法侶。

二十歲，接受灌頂和修習律儀。

三十歲，生起悉地，並弘法利生。

四十歲，能以上師覺心作禪修。

五十歲，征服苯波並守護教法。

六十歲，教授經文及擴展僧團。

七十歲，生起內心覺醒。

八十歲，最敬愛的上師離開西藏，前赴西南方。

九十歲，證悟大圓滿「促烈孟森」。

一百一十歲，生起「歷巴察」。

一百二十歲，成爲藏王的佛法導師。

一百三十歲，走遍藏地並埋下伏藏，普度大地衆生。

一百七十歲，他訓練的弟子在靈性修行上獲得成就。

一百八十歲，在天域化現。

一百九十歲，遇上蓮師另一法侶曼達拉娃。

⊙上師指的是蓮師在沙河國化度的公主，與蓮師修成長壽瑜伽的曼達拉娃？他們是兩師姊妹，又是蓮師的法侶，見面一定很愉快。

和曼達拉娃一起的，還有他的七個弟子，蹉嘉和曼達拉娃相聚三十九天，大家討論了二十七個高級的技術性修法，包括了長壽瑜伽和十三個馬頭明王的修法。

蹉嘉和曼達拉娃相互欣賞對方的成就。

蹉嘉唱起讚頌曼達拉娃的道歌：

嗡、阿、吽！

空行，你具有無死金剛身，

你如彩虹般安住於空中，
不被客體事物障礙，自在巧妙地轉移，
戰勝死主，鎮服蘊聚惡魔，
超脫三毒羈絆，鎮服天神，
這就是你長壽生命的女主人。
三界中最高的天界，
一切奇妙精華的女主人，
你成就以空性封印的大樂身，
曼達拉娃，眾生之母，我向你敬禮。
眾生的生和死。
全由業力循環驅動，
攪動漩渦和雜染，
猶如被水車衝擊。
我祈求得到如你一樣的體證，

你已關閉和封鎖下墮的閘口。
願我獲致菩薩的心靈，
結束業力，終止欲樂，了結狂惑的散亂，
給三界輪迴劃上休止符，
完結所有概念。
願我由喜樂超脫到大樂領域，
永不與大樂至美至善分離。

曼達拉娃聽了很高興，亦唱起讚頌蹉嘉的道歌：

既伙！
你是成就祕密教法的空行，
你能在淨和染的領域中示現，
你匯集了蓮華教誡的精華，

偉大母親，般若波羅蜜，不是你嗎？
你進入佛道並明白教法的真理，
在這段生命裡，你徹底出離世間八法，
你修習律儀，集合甘露，控制世間現象。
純淨和不受玷染，永遠年輕的蹉嘉，
我向你敬禮。
縱然強力的業風無止息地旋現輪迴。
你亦無休止地運用善巧方法來拯救罪惡的衆生。
錯誤的思想方法、惡魔和苯教已衰落，
現在奉行佛法已成風俗。
具力女子，你和我已化合成一，
現在開始，你將進入無限純淨的領域，
你將進入蓮花光剎土，
處於啤瑪吞晴雜大悲光芒中。

你和我將因利益衆生而示現，
願三界衆生，
從輪迴的圈套中出來。
之後，曼達拉娃和蹉嘉常顯示結合一起，教化密乘弟子。

25 阿底壇城　法爾安住

⊙上師，蹉嘉祖師對弟子的教誡中，有沒有提到修習甚麼法門才是捷徑？

蹉嘉深入解釋蓮師的教法，他爲十一個根本弟子打開阿底瑜伽大圓滿的壇城，給予弟子們最後的口訣傳承，他這樣指導弟子：

朋友，精進和專一修行，

以無作大圓滿來修持，

沒有其他可以超越痛苦的方法，
這是鄔金蓮師的心血——
他交給了我，現在我給予你們。
修行，你將成就悉地，
要將教法給予那些已作好準備的衆生，
不可給那些未够根器的人，
對那些破誓毀戒和充滿邪見的人更要守祕。

跟著，蹉嘉再肯定大圓滿的修法：

佛陀衆教法是最重要的，
有些說有八萬個法門，
有些說有四千或無數，
但佛陀的教法可以總合為九乘，

九乘分成三個次第，
一直帶領到阿底無上瑜伽。
阿底意義可分為觀、修、行和果，
它是最高的佛法；
觀是超越主客的概念性，
修是把內心經驗自然延續，
行是不變的理想，超脫任何虛妄，
果是自然智的光芒不停地發放和三身的圓滿。
佛法的基礎是這樣顯現的：
外在，追隨戒律的教法，
這樣你自然受他人尊敬，
內在和外表要一致。
內在，追隨經續的修法，
這樣，你自然積聚善因。

仰賴基礎的阿毘達磨哲學，
學習不同學派的教理，
你將可結束一切疑慮、誇張和偏見。
經、律和論是佛法的基礎，
沒有這些方法，你無法掌握教法。
要注意作部的教法，
你將可以光淨習性的玷染；
要注意行部對純淨意念的教法，
你自可熟習佛法的禪修；
注意瑜伽部對「觀」和「證」的教法，
加持和悲心自會遍滿你身；
進入瑪哈瑜伽奉獻式的修行，
觀、修、行將自然生起；
進入阿魯瑜伽的氣和脈，

你自會帶出有力的體證；
阿底本身淨化心髓，
剎那即可成就佛果。
你再不需其他教法，
仰賴我為榜樣，
所有追隨我的人，
將可同時利益自身和他人，
達致無上勝果。

⊙換言之，移喜蹉嘉的教法主要是大圓滿阿底瑜伽。

事實上，移喜蹉嘉在修行方面亦經歷菩薩十地、四種持明（分別是成熟持明、長壽持明、大手印持明、圓滿持明）的階位，相同於成佛，大家要深思的是他堅信大圓滿阿底瑜伽是蓮師終極的教法，亦樂於弘揚。

⊙蹉嘉對其他徒衆尚有甚麼開示？

他對瑪仁青促提到自己涅槃後，怎樣修習才好得見上師；

既伙，聽著，瑜伽士！
你已成就密乘悉地，
具有出色的意念並能利益衆生。
我，女子移喜蹉嘉，
因蓮師大悲的加持，
現在成就解脫，徹底修證生起和圓滿。
明天我到鄔金，
聚集這裡的你們，祇要懇求，加持即會出現。
為了自己，你們必須盡速緊隨無上教法；
幫助他人，自己沒有絲毫專橫或驕慢；

透過觀、修和行，你將得到自在。
我的說話你們要緊記：
誠意地尊敬和謙卑，
以上師純淨覺醒的光輝來禪修，觀想上師；
讓觀想透入你的生命，
使你和上師合一。
無論甚麼經驗妄念生起，
就讓它自然消失吧！
我是一切輪迴和涅槃的主人，
假如你知道移喜蹉嘉，
他是住在衆生的心內，
化身再化身，
在所有境界和感官中示現。
在十二緣起的生命流轉中，

你知道我們是不可分割，
我們恒常同在。
倘若你不認識我，
你將被困縛在外面的現象中，
假若你從根本斬斷愚癡，
覺醒會從內心生起，
並以大智遍滿所有外境；
內心固有的喜悅如海洋般漩起，
智慧好像大魚的金眼般透入。
實踐和保持這深深的喜悅和智慧經驗，
跳過修行生起和圓滿，
跨過現象的場地，
飛入和消融於虛空。
在大智的廣闊虛空中，

併合大樂的甘露海。
在閃爍的光芒中，
成熟和長壽持明將會擴展，
大手印持明將大力抓著，
直至它融入圓滿持明本初虛空，
運用這方法，我們將永不分離。

跟著，他又向弟子們開示如何生起觀、修和行：

唉瑪伙，弟子們聽著！
直至你圓滿大乘的法門，
否則你不可得著喜悅和任意飛翔；
祇有猛力拍動生起和圓滿的翅膀，
你才可穿過刀削的颶風，

飛抵你要到的地方。
我，女子蹉嘉，
開始修行時，未能掌握技巧，
縱然我期望覺悟，
但覺悟離我很遠。
當我讓內心覺醒圓滿修行的生命，
我沉重的肉身轉成光芒。
我快到鄔金蓮師面前，
我給你最後的教示：
觀是澄清明澈，
你的修行不單依於空性，
而且是清晰可見的光輝和純淨覺醒的展現。
對於觀，它如何運作？
在生起次第時，

觀是將自身轉化成本尊，
本質就是大悲。
到我們達致圓滿次第時，觀是大手印，
精髓本質超越外在和無常，
觀的本質是自我體證，是看到智慧的覺醒。
修是佛法的基石，
在你修法過程中透過持久和穩定地檢視，
透過「修」來生起一個全無界限的等持，
達到平等和安靜。
無論你是修習生起或圓滿次第，
所得的經驗是重要的，
這經驗應是沒有概念性，
無論出現甚麼經驗，都應連續地集中。
同時必須超越：

散亂、掉舉和昏沈。
捕捉和維持沒有分散、沒有概念的經驗，
這種平等和安靜就是禪修。
行是佛的活動，
佛行的特色是連續和沒有分散。
確切的佛行展現是有普遍性，
無論發生甚麼變化你依然繼續地、
和沒有懷疑地與經驗一起，
利用經驗作為靈性上的提升。
在真實界度裡，無論是行、住、坐、臥，
永不可讓自身離開修行，
修行融入自己的生命。

26 鄔金神曲　極淨佛剎

移喜蹉嘉向徒眾釐訂一些修法的準則和投生鄔金國土的方法，他說道：

唉瑪伙，徒弟請諦聽！

這個血肉組成的身體是大障礙，

它羈絆你，並且變得愈來愈壞。

倘若你利用身體的氣和脈來禪修，

你便可以穿越虛空。
假若你將能量和意念控制得到成就，
那便稱為悉地。
縱然你的意念被五毒充滿和欺騙，
縱然你生命之流不穩定，
被世俗的概念所局限，
它們都因悉地而得到淨化。
假若你期望成就佛果，
請以大手印來禪修，
你把開放的生命和明澈覺醒智慧結合，
得到解脫，這便與佛果無異。
你要把無常的五蘊埋藏，
把一切好與惡的對立斬斷。
假如你想獲得虹身，

請以大圓滿阿底瑜伽修行吧！
假如你運用內心覺醒，
你將立即超越業力，
並可自由穿越虛空。
假如你希望投生鄔金國土，
不要有一刻離開你的根本上師，
觀想他，以他為榮，尊敬信任他；
祈請及懇求四種灌頂和加持。
他便如一團熾然光芒存在內心，
觀想與他三門併合，
直至成一個不可分割的整體。
以大手印來禪修，
依隨道路，獲得勝解，守護你的智慧，
小心地生起能量、開放和喜悅。

在大圓滿的境界中甚深地淨化二分和纏繞的事物，進入阿底的基礎。

就這樣，蹉嘉在薛保山谷向弟子們開示整整八天。到了第九天，蹉嘉向天神們預言他以後轉世弘法的情形。進入第十天的黃昏，他鎮伏魔祟，午夜轉動法輪，夜半進入甚深禪定，清晨入於圓滿持明狀態，有人看到他身體融入光芒，祇留下牙齒、指甲和毛髮，作為留在世上的信物，令以後的眾生生起信心。

⊙上師，可否總括移喜蹉嘉的教法？

移喜蹉嘉對大圓滿教法的傳揚功勞顯赫，所以心髓派視他為繼承蓮華生大師的第二祖。此外，他埋下伏藏，保全了蓮華生大師的教法，這都是客觀的歷史事實。還有一種鮮為人知的教法，保留在《仁青堆巴》及修法補充裡的，是專心持誦蓮華生大師心咒，亦可得到成就。

27 如彼水流而誦修　未成就間不中輟

⊙上師，蹉嘉瑪有沒有教導我們念誦蓮師心咒的口訣？

作爲蓮師最心愛的弟子，蹉嘉教導以後的追隨者如何透過念誦心咒與蓮師相應：

嗡（OM）：是清淨法身，代表超越至美至善的普賢王如來。

阿（AH）：是從報身發放圓滿喜樂的匯集。

吽（HUM）：是訓練衆生修證而化現的形態。

班（BEN）：是本初法界的象徵。
雜（ZN）：是偉大的大手印，金剛空性。
古（GU）：是明澈覺醒智慧的心路。
魯（RU）：是止息染污身、口、意三門的業風。
啤（PAD）：是所有三時的無上佛土。
瑪（MA）：是斬斷衆生的虛妄。
悉（SID）：是神聖空行們的利他行。
地（DHI）：是一切勝利本尊的悉地。
吽（HUM）：是三時諸佛慧命。

⊙上師，弟子定當銘記祖師心咒的意義，終身以念誦心咒爲第一要務。

善哉，愚子可教，若果你遵守誓句，三年內必有成就。蹉嘉瑪又開示：

嗡·阿·吽（OM·AH·HUM）：是一切如來身、語、意的結合。

班（BEN）：是不變的大手印訊號。
雜（ZA）：是大悲覺悟事業的權杖。
古（GU）：是過去、現在、將來的上師赫魯迦。
魯（RU）：是成熟和解脫精髓的種子。
啤（PAD）：是打開極樂世界。
瑪（MA）：是進入大樂的源頭。
悉（SID）：是覺悟心靈的光輝佛行和相應的大悲。
地（DHI）：是滿足所有欲求的力量。
吽（HUM）：是衆生終極的體證。

⊙我再發誓修習和仰賴這精要的咒語，直至菩提，永不中斷。

善哉，願你守持誓句，願我的祝福遍滿虛空。好徒兒，蹉嘉瑪亦吩咐弟子們勤修蓮師心咒，他說：

念十萬遍心咒，你就可以逆轉輪迴的傾向和消除身、語、意的惡業；斬斷過去、現在、將來的惡業和永離這五濁惡世；

念七十萬次，你就可以在此生得見蓮華生；

念一百萬次，你就可以四業成就；

念六百萬次，你就可以震碎輪迴；

念一千萬次，你就可以和阿彌陀一起。

NOTE

NOTE

NOTE

NOTE

NOTE

國家圖書館出版品預行編目資料

火舞空行：移喜蹉嘉傳奇／金剛上師 卓格多傑著. --
初版. -- 新北市：華夏出版有限公司, 2022.01
面； 公分. -- (Sunny 文庫；192)
ISBN 978-986-0799-55-2(平裝)
1.移喜蹉嘉 2.藏傳佛教 3.佛教傳記 4.佛教修持

226.96 110015292

Sunny 文庫 192
火舞空行：移喜蹉嘉傳奇

著　作　金剛上師 卓格多傑
印　刷　百通科技股份有限公司
電話：02-86926066 傳真：02-86926016
出　版　華夏出版有限公司
220 新北市板橋區縣民大道 3 段 93 巷 30 弄 25 號 1 樓
電話：02-32343788 傳真：02-22234544
E-mail：pftwsdom@ms7.hinet.net
劃撥帳號　19508658 水星文化事業出版社
總經銷　貿騰發賣股份有限公司
新北市 235 中和區立德街 136 號 6 樓
電話：02-82275988 傳真：02-82275989
網址：www.namode.com
版　次　2022 年 1 月初版—刷
特　價　新台幣 400 元 (缺頁或破損的書，請寄回更換)

ISBN-13：978-986-0799-55-2

《火舞空行》由金剛上師 卓格多傑同意華夏出版有限公司

出版繁體字版